未来乡村

迳下

实践

姚锦全 著

人民日报出版社
北京

图书在版编目（CIP）数据

未来乡村 迳下实践/姚锦全著. —北京：人民日报出版社，

2024.11.—ISBN 978-7-5115-8528-8

I. F327.654

中国国家版本馆CIP数据核字第2024FL1457号

书　　名：**未来乡村 迳下实践**
WEILAI XIANGCUN JINGXIA SHIJIAN

作　　者：姚锦全

出 版 人：刘华新

责任编辑：季玮

出版发行：人民日报出版社

社　　址：北京金台西路 2 号

邮政编码：100733

发行热线：（010）65369509　65369527　65369846　65363528

邮购热线：（010）65369530　65363527

编辑热线：（010）65369523

网　　址：www.peopledailypress.com

经　　销：新华书店

印　　刷：大厂回族自治县彩虹印刷有限公司

法律顾问：北京科宇律师事务所 010-83622312

开　　本：710mm×1000mm　1/16

字　　数：116 千字

印　　张：12

版次印次：2025 年 1 月第 1 版　　2025 年 1 月第 1 次印刷

书　　号：ISBN 978-7-5115-8528-8

定　　价：68.00 元

目录
CONTENTS

前言　/001

第一章　迳下出名之前　/003

第一节　开发商不愿要的旮旯村　/004

第二节　进城，还是近城　/008

第三节　美丽乡村 1.0 版：由人居环境整治开始　/009

第四节　美丽乡村 2.0 版：跳出迳下，打造迳下　/015

第五节　成名的迳下有隐忧　/020

第二章　"百千万工程"带来的历史发展机遇　/027

第一节　迳下是广东农村的一面镜子　/028

第二节　关于"头号工程"如何落地的思考　/029

第三节　指挥部搭起来　/039

第三章　规划引领：铺开发展新蓝图　/047

第一节　有规可依太重要　/048

第二节　迳下发展有了纲　/050

第三节　迳下改造三要素　/062

第四章　迳下改造三大战役之：全域土地整治　/065

第一节　拥挤、散乱、错位的迳下　/066

第二节　从"点状供地"到"条状供地"　/069

第三节　路要通、顺、畅、美　/075

第四节　一楼两中心三馆　/079

第五节　蓝绿交织新乐章　/085

第五章 迳下改造三大战役之：自主拆旧建新 /091

　　第一节　穿衣戴帽 VS 拆旧建新 /092

　　第二节　自主拆建，我们成了开发商 /094

　　第三节　不能漏掉一个困难群众 /096

　　第四节　全程参与，让群众吃下"定心丸" /100

　　第五节　与众不同的迳下别墅 /103

　　第六节　精打细算"三本账" /112

第六章 迳下改造三大战役之：产业导入 /115

　　第一节　农业生产"一鱼三吃" /116

　　第二节　"有风的迳下"留住游客 /120

　　第三节　把新质生产力搬到乡下 /125

第七章 塑形铸魂，建立迳下的文化自信 /137

　　第一节　古驿道串起历史记忆 /138

　　第二节　红色基因代代相传 /140

　　第三节　中医太极弘扬国粹 /142

　　第四节　村规民约培育新风 /143

第八章 未来乡村建设心得 /147

　　第一节　以人为本，把农民的急难愁盼作为出发点和落脚点 /148

　　第二节　规划引领，唤醒沉睡资源留住美丽乡愁 /150

　　第三节　业态融合，培育产业发展丰沛动能 /152

　　第四节　凝聚多元力量，提高主体参与的内生动力 /153

　　第五节　敢于接纳新事物，孕育发展新机遇 /154

　　第六节　良政善治，以"拆旧建新"为契机优化基层治理 /155

　　第七节　塑形铸魂，推动乡村文化力量生长 /155

前　言

在建村 300 多年的历史长河中，迳下曾是一个偏远、落后的村子。

我与迳下于 2015 年结缘。当时九龙镇的软弱涣散村组织有两个，大涵村由区委书记挂点，迳下村由我这个镇委委员挂点。没想到第一天我就吃了闭门羹，上午 10 点村委还锁着门，没一个人来办公。

当时第一书记和村书记正为谁管公章而争论。村委干部之间矛盾一大堆，很少有人干活。集体收入一年只有 2 万块钱，村容村貌让人看了不想来第二次。

面对这个问题村，我从党组织建设抓起，利用换届的机会调整村委班子。年轻的李良被选为村书记，成为 300 年历史上第一位非冯姓的带头人。为了发展经济，我在迳下策划成立了文旅公司，请来设计院的专家帮忙制订村庄规划。2017 年我离开时，迳下已经逐渐走上正轨。

迳下真正大放异彩，是在 2022 年广东省委吹响"百千万工程"建设的号角之后。迳下从没有开发商愿意要的旮旯村，变成了我们建设社会主义新时代新农村的试点和样板，走出了一条自主拆旧建新的发展之路。

本书系统性回顾迳下的发展历程，聚焦于新时代迳下的奋斗和抉择。我们从政策背景、规划方案讲起，围绕土地、房屋和产业这三个当下农村发展最重要的问题，分别以土地综合整治、自主拆旧建新和产业导入"三大战役"进行讲解，把迳下遇到的问题，解题的思路，推进的困难毫无保留地介绍给大家。

中国有 63 万个社区和行政村，大家遇到的问题各具特色，却又似曾相识。我们写的是迳下，却想通过解剖迳下，给广袤大地上的乡村提供一条发展和建设的新路子。在这条新路子上，我们有时异想天开，有时兴奋难眠，有时高歌猛进，有时踌躇不前……一路走来，得益于党的政策创新，受益于各级的关心支持，有赖于同志们的精诚团结，争取做到无愧乡土。

未来乡村的迳下实践还在进行中，一些事情还在不断变化中，靠一本书难以尽述。本人水平所限，很多表达不周之处，还请各位读者体谅为盼。

姚锦全

2024 年 9 月

第一章

迳下出名之前

山水相依，整饰过的迳下富有岭南特色

　　一千个中国人眼中有一千个乡村的样子，根植于我们过往的记忆中，更包含着我们对未来家园的向往。在科技创新高地广州黄埔，这里的村庄该如何建设、创新和发展？要回答这个问题，必须先回顾历史，寻找发展变化的脉络。

第一节　开发商不愿要的迳下村

　　迳下现在是有点名气了，可就在三四年前，它还是蜗居在山脚的偏僻小村。当年广州"三旧"改造如火如荼，大部分村庄都被好几家开发商争抢，零星剩下的都是地理位置欠佳的村子，具体来说无非是太偏、太小、太散……这几条迳下村全占了。

在客家话里，迳指条状高坡或山梁，村庄建在高坡之下，故名迳下村，曾名和迳乡、冯迳下。解放战争前，迳下村被小山墩、树林环绕，村里只有四个厅口，三条巷道。新中国成立后，逐渐扩大规模，铲平山墩，扩建门口塘、生鸡塘等，形成了沿水塘分布的线形村貌。

迳下村山水林田加起来6000多亩地，男女老少1200多人，4个经济社，300多年历史。现在来的记者爱用风景优美、田园诗画形容它，可对祖祖辈辈生活在这里的村民来说，面对田园想起的不是诗意，而是辛劳，迳下完全是农业村。

前后有山丘阻隔，迳下通向外界的只有竹山路和边坑路，离最近的主干道九龙大道还有两公里。竹山路以前窄小难行，说起来，这路还是抗日战争时期侵华日军修的，目的是通过迳下村到达增城福和。2021年，竹山路沥青硬底化才完工。

走竹山路，要经过另一个村子何棠下。何棠下改造前，到迳下要穿过"握手楼"，狭窄坑洼的路段，让初来的访客心神不定，担心走错了路。

广州村里人常说工业园、专业市场、包租公……都是和迳下无缘的。连征地、拆迁这些"致富捷径"，迳下也统统没份。

迳下全景

2015 年我到迳下挂点，村集体一年收入才 2 万元。经过一番整顿，2019 年迳下集体收入也仅为 43.9 万元。自己和自己比有进步，但还不如广州市区某些城中村一户人家的分红，跟猎德等动辄一年几亿的集体收入更是相去甚远。村里的年轻人纷纷外出打工，导致迳下村的发展每况愈下。

2020 年黄埔区在广州率先制定《决胜三年完成旧村拆迁攻坚任务工作方案》及《作战蓝图》，高标准谋划 66 个重点旧村改造项目。这一千载难逢的发展机会，迳下落选了。道理很简单，一

个巴掌拍不响。旧村改造要按照市场化方式进行，村里想改，但开发商看不上。

土地整备前，迳下的可建设面积不到村庄总面积的3%，而且被切割得七零八落。开发商觉得开发难度大，位置又偏，盖了楼也没人来买。迳下就像嫁不出去的小姑娘，心情失落是必然的。

出路在何方？焦急的不只是村民，黄埔区，龙湖街的干部同志们也为迳下着急。

第二节　进城，还是近城

中新广州知识城是 2010 年奠基的，定位很高端，就是以知识经济为创新模式，汇聚高端产业与人才，打造一座经济、人文与生态高度和谐及可持续发展的城市。未来的 20 年，占地 100 多平方公里的知识城将成为一座为 50 万人提供生活、工作、学习、休闲的城市。

迳下算是被纳入了"城"的范围，但这只是区域规划上的利好。究竟是融入城市，还是保留乡村？怎么建设，怎么发展，怎么富裕？还是要靠人民群众和各级干部想办法，下功夫。

2019 年 4 月 18 日，黄埔区龙湖街道办事处揭牌成立，标志着酝酿近两年的原九龙镇区划调整尘埃落定。九龙镇一分为三，以便于精细化管理和均衡发展，提高城乡统筹发展水平，进一步保障和改善民生。

和负责规划建设、招商发展的知识城开发建设办公室不同，龙湖街道的重心是目光朝下，聚焦民生，聚焦基层治理，聚焦集体经济。城市要带来共同发展，共同富裕。

从成立伊始，龙湖街就花了大量精力在辖内的 8 个村上。其他 7 个村，只要借助城市更新的东风，搞好旧村改造，就能实现跨越式发展。这项工作我是比较擅长的，从云埔街到九佛街，我运用快拆、快批、快建的办法，充分调动村里和开发商双方的积极性，每年都能拆除七八百万平方米的旧村，为后期建设发展扫清障碍。2021年我来到龙湖街担任党工委书记，辖内旧改拆建跑出加速度，不到一年就完成了90%以上的更新任务。

唯独迳下，因为没有开发商愿意来改造，我们只能另外想办法。是沿着美丽乡村的路继续打扮它，还是用更优厚的条件吸引开发商？是让村民变成市民，还是留住乡土再想办法？任职三年，让我花了最多心思的，就是迳下。包括前任各级领导和部门，都为迳下的发展煞费苦心。

历史既是必然，又充满了偶然。欣赏美景的游客不会想到，如果当年迳下能顺利"出嫁"，它也许早已并入城市，泯然众人了。现在迳下的自主拆旧建新之路，就是在当年走投无路的情况下一步步探索来的。

第三节 美丽乡村1.0版：由人居环境整治开始

早在2020年，街道就利用乡村人居环境整治的政策，对高禾场社的破旧鱼塘进行了治理，在沉寂已久的村庄中投下了一抹亮色。变化让村委有了心劲儿，把下一个目标对准了村委大楼前面的100多亩农田。

那是迳下的脸面，现在是迳下田园风情的标志。可当年那里被农户承包得一块一块的，有的种菜，有的种柠檬，少量种稻。

人居环境整治初见成效

街道和村委一起摸索搞土地流转，参照征地补偿标准，按39800元/亩挨家挨户收了七八十亩回来，统一播种水稻。现在大家看到的小火车风光带，就是这么打造出来的。

　　当年年底，稻子就成熟了。虽然亩产只有500来斤，但大家还是很高兴，筹划着搞个什么活动庆祝一下。当时正值中国全面建成小康社会，就叫"小康节"吧。同志们很用心，策划了三天

的活动，包括摄影比赛、健康跑、稻田音乐会，等等。

当时我们邀请媒体，没几家愿意来。不就是村里搞的小活动嘛！可迳下毕竟邻近城市，同志们自己亲力亲为，宣传工作效果不错，周边小区的很多居民都来了，活动搞得热热闹闹。一些媒体听闻后又来补充采访，这都是后话了。

也是在 2020 年年底，区委主要领导视察迳下，肯定了我们过去的工作思路，也带来了实打实的资源。一是请来了纳米专家赵宇亮院士，邀请他做迳下纳米小镇的荣誉镇长，让他带领科学家、企业家帮扶迳下发展。二是指定区属国企科学城集团统筹谋划迳下改造、建设和运营。

科学城集团的到来，给迳下发展注入了专业力量。他们一口气完成了 2000 多亩土地的流转，形成连片种植，提高耕地肥力，不仅种植优质稻米、大豆、草莓等品种，综合平均亩产产值达到了 5000 元，极大提高了村民收入，还推动村居由散到聚，村容由乱到美。

从农民水泥房"穿衣戴帽"，到小火车、迳下别院、惠农中心咖啡屋……一个个网红打卡点相继建成落地，1.0 版本的迳下美丽乡村，面貌焕然一新了。

2021 年 7 月 24 日，迳下村举行"迳下稻香嘉年华"活动。近百位家长、孩子迎着落日余晖，从迳下火车站前草坪出发，途经六零米稻田、竹山路、竹溪间等地，感受迳下村的生态美景。18 时开镰仪式开始后，两台收割机在迳下六零米稻田上开始收割，家长们带着孩子体验人工收割的农耕乐趣。

2023 年 1 月 19 日，"在希望的田野 —— 2023 年广州市乡村春节联欢会"在迳下村举行，活动吸引了知识城街坊和附近诸多游客。活动通过多平台线上直播，向观众全景呈现迳下新时代

迳下稻香嘉年华当天，夜幕下上演的草坪音乐会

乡村新面貌和乡村振兴的成果，展现了迳下踔厉奋发新征程、勇毅前行向未来的精神风貌。

2023年2月4日至5日，"到黄埔去，一起闹元宵"黄埔户外音乐季专场活动在迳下村举办。活动在户外音乐表演基础上拓展"主题快闪＋闹元宵系列活动"模式，为群众带来精彩纷呈的视听盛宴。来自广州市黄埔区文联、黄埔本土乐队、广州人人唱歌剧团等的专业团体为观众送上精彩纷呈的音乐大餐。和家人一起自驾车到迳下村游玩的高女士在接受媒体采访时说："一直

逕下静美——2020龙湖街小康节美丽乡村健康跑活动

听朋友说逕下村环境不错，是个新的'网红打卡点'，带着孩子过来逛逛，一整天的活动充实而惬意，既能欣赏高质量的文艺演出，又能感受传统民俗文化，体验真不错。"

2023年"绿水青山中国休闲运动挑战赛（广州黄埔站）暨平岗河水上运动嘉年华活动"为期3天，设竞赛项目、表演项目、群众项目和户外活动等4大主题活动。其中竞赛项目于5月3日上午9点开始，包括桨板休闲赛、乡村休闲跑以及休闲两项赛（桨板＋跑步），近千人参赛。

2023年5月27日至28日，"到黄埔去·2023户外音乐季——青春有谱"专场音乐会在逕下村举行。除了流行曲、民谣、舞蹈等表演，专场音乐会还带来了潮趣十足的系列活动，吸引不少年轻乐迷和市民朋友前来打卡。同时，音乐会邀请了多所广东院校参与，组织多个学校社团开展才艺比拼。

当传统乡村插上了现代文旅"翅膀"，高楼林立的都市景象与绿水青山的美丽乡村相映成趣，"进一步繁华都市，退一步世外桃源"的诗意生活得到生动诠释。如今，游客们到旅游目的地，消费、旅游动机有了明显的变化。他们不像以往只是看风景，还要享受由人间烟火气构成的场景。在这个意义上，旅游的意义在不断发生变化，人们更注重满足自身情绪价值：体验乡村的休闲放松，感受乡村的独特乡愁，寻找历久弥新的乡村文化。迳下村坚持"体育赛事搭台、文化旅游唱戏"，就是希望通过举办各种群众喜闻乐见的赛事、活动，在有形无形中增加自身知名度，让各种"流量"转化为文旅"留量"和经济"增量"。

第四节 美丽乡村 2.0 版：跳出迳下，打造迳下

2015 年我在原萝岗区九龙镇担任镇委委员，挂点联系的就是迳下村，对这里的情况可以说已经比较熟悉。2021 年重回旧地，我在调研走访的基础上，确定了几个目标：开出一条路，连成一片景，打通一汪水。

原来从镇上到迳下是"华山一条道"，就是竹山路，大约

利用竹溪路四口旧鱼塘打造的观鲤港和特色民宿

两公里。路本就不宽，关键是要穿过何棠下旧村，体验观感很不好，还经常堵车。我们一方面加快何棠下拆迁，给竹山路扩展升级空间；另一方面，我把旁边的农田小道走了一遍，发现如果从竹山路中段右转，沿着村民们日常耕种的小路绕过何棠下村，也能通到迳下。路途虽然远了一点，但两侧依山傍水，一派田园风光。既然要把迳下打造成旅游目的地，让游客多看点风景岂不更好？！街道的同志也都认可这个想法。

说干就干，没过多久，一条崭新的机耕路通车了。路宽6

米，全新柏油路面，长约 1 公里多，正好绕过了何棠下旧村，直通迳下。因为依傍着一条小溪，街道同事给它起名叫竹溪路。

不光有路，还要成景。在竹溪路两侧，很多土地已经被征收。因为还没有项目落地，存在撂荒情况。针对这些已征未用地，龙湖街出政策，鼓励农业项目来临时落地。商户可以不用交租，但必须答应两个条件：一是要按照街道要求种植特定作物，在农业生产的同时形成特色景观；二是如果哪天有项目要落地，政府无偿收回。这就是现在灯光火龙果园的由来。

原来的溪流，我们一路疏通到平岗河的汇合口，打下木桩，治理边坡，铺上草皮。原来的洼地，我们注入活水，形成水面。原有的小水塘，我们种植莲花，配建木屋。周边的农地，我们都要求村委落实责任人，耕种起来。

随着人流越来越多，我们设游客中心，建公厕，搞起草帽舞台，还由国企投资将散乱的鱼塘打造成观鲤港公园，把原来乱糟糟的树林子改造成椰林公园。现在每到周末，都有游客在草地上搭帐篷休憩玩耍。很多社团活动也选在草帽舞台进行。

竹溪路发挥的带动作用，已经远超我们当初的设想。2.0 版本的迳下，已经超越了迳下村的地理范围，把周边何棠下、埔心等村的地域都囊括进来，等于面积扩大了三四倍。迳下的品牌效应和支点作用初步显现。

静美迳下，远近闻名

有人称迳下村是广州的"莫奈花园"。拍拍身上的灰尘，放下工作的压力，很多人会选择闲暇时来到这里，感受大自然的清新。

田间绿树成荫，小桥流水人家，构成了一幅美丽的田园画卷。走进村里，就有一股清新的气息扑面而来。

巨型迳下村标识，已经安放在知识城主干道旁，小小迳下村从没有这么扬眉吐气过

早春时分，顺着乡间小道来到村里，两旁的树木长出新绿，阵阵草木芳香沁人心脾。绿油油的农田如同毛毯铺满大地，小路与田埂将之分割成精美图案，构成壮丽独特的生态景观。抬眼看，目光所及处竹林环抱、流水潺潺、黛瓦白墙。

花开季节，大片的油菜花、格桑花、水仙花竞相绽放，把整个村庄装点得五彩斑斓。阳光透过花瓣，洒在田野上，形成一片片金黄色的花海。微风吹过，花海泛起涟漪，仿佛是大自然的调色板。

第五节　成名的迳下有隐忧

三四年时间，迳下已然建设得有模有样，在黄埔区、广州市乃至广东省都小有名气，成为名副其实的特色精品示范村。

经过初步整饬，灰头土脸的水泥墙变成了白墙黛瓦的特色建筑，看上去舒服多了。村里按季节，规模化种植稻田、花海，形成"秋夏稻谷双丰闻稻香，冬去春来花开逛花海"的网红打卡点，吸引众多游客来游赏观光。2023年，迳下村集体收入已有约556万元，4年间翻了十几倍。

迳下曾是中共增西禺北抗日游击根据地，中国人民解放军粤赣湘边纵队东江第三支队游击根据地。结合红色文化资源，村里打造了红色文化与乡村振兴深度融合的参观路线，成为开展爱国主义教育、传承红色基因的重要基地。漫步在村中，可以看到许多保存完好的古建筑和历史遗迹。这些房屋虽然历经沧桑，但依然屹立不倒，见证着迳下村的历史变迁。

依托丰富的自然资源和文化资源，迳下村进行科学规划和资源整合，打造了一系列旅游产品和服务。建成惠农中心、美食

烟雨朦胧中的东湖双亭

街、迳下别院、院士谷等约 30 个景点，开设服务、餐饮、民宿、

会务类板块，开发奇趣营、马术、越野车等休闲娱乐业态，丰富

观光游览、研学教育、生态美食、娱乐体验、购物商贸、休闲度

假六大产品体系，打造了融农业生产、生态旅游、文化研学、休

经过改造的迳下特色民宿

闲度假为一体的综合性旅游目的地。不仅提供传统的观光服务，还融入了现代农业体验、文化教育、科技研学等多元化旅游产品，形成了独特的农文旅融合发展新业态。

景区还建有樾椀椀、迳下别院等特色乡间民宿，环境优美，山明水秀。游客在欣赏乡村自然美景的同时，还能品味地道美食，尽享乡间的宁静与美味。景区建有火车创意餐厅、惠农咖啡厅、院士谷餐厅等 20 多家餐厅，提供丰富多样的特色菜品。

我们利用财政投入，打通多条入村环线，铺沥青、安路灯，实施三线下地、雨污分流、垃圾分类、厕所革命，沿路规划打造农业基地、展示厅等，初步形成"一步一景，处处关情"。

荣誉也纷至沓来。我们简单盘算了一下，2024 年时，迳下村先后获评"国家级特色精品村""全国'村晚'示范展示点""全国示范性老年友好型社区""广东'千企帮千镇 万企兴万村'典型案例""广东省乡村治理示范村""广东省民主法治示范村""广东省卫生村""广州市美丽乡村""广州市幸福示范村""广州名村""黄埔区乡村振兴示范点""黄埔区先进基层党组织"等一系列荣誉。

得到这些荣誉，街道和村委一班人肯定是高兴的，这是对过去努力的肯定。可每一次去迳下（我几乎每天都去），我的脑海里总是出现很多问题。游客来了满意吗？他们还会再来吗？民宿经营者能赚钱吗，他们能不能一直做下去？村民又遇到了什么新困难？村集体的收益怎么才能持续增长？以至于看到其他省市的旅游新闻，我都会想，要是迳下遇到这些问题该怎么办。

对迳下村来说，发展与超越之路没有止境，这是不断变化的经济市场形势导致的，也是人民群众对美好生活的需要所要求的。我带队去浙江等省市考察，尤其关注乡村，看看哪些好做法能被迳下借鉴，哪些发展中出现的问题需要迳下预防。或许是由于多年在基层形成的职业习惯，我看到的问题总是比较多，对迳下未来发展的担心也时不时萦绕心头。

村里危破房还不少，面临城镇开发边界管控、控规编制、村庄建设用地规模协调等问题，需要在保护传统岭南村庄背山面水的山水格局的同时，提升村容村貌。

乡村振兴产业项目不少，但用地规模不足、缺乏整体统筹。周边筹划项目较多，以农业与乡村旅游为主，产业配套和用地规模不足，缺少升级延展动能，业态层次有待丰富和提升。

村里生态资源丰富，广泛分布于田野、林地与水域、耕地和田园。它们虽然与村落有机共融，但其综合价值仍有待进一步发挥。通俗讲，就是怎么破解村庄富裕和农业生产"两张皮"的问题。

村里传承多种非物质文化遗产，文化资源富有特色，但还有待结合乡村旅游培育形成主题品牌。

……

对卓越的追求不应有止境。对迳下村来说，站在既有基础上，如何以更高的标准追求推动更高质量的发展，成为我们不断思考的问题。

迳下等待着进一步跃升的历史契机。

第二章

『百千万工程』
带来的历史发展机遇

2022 年 12 月 8 日，广东省委十三届二次全会审议通过了《中
共广东省委关于实施"百县千镇万村高质量发展工程"促进城乡
区域协调发展的决定》，一场誓把山河变模样的深层次、宽领域
改革在岭南大地拉开帷幕。作为全省 2.65 万个行政村之一，迳下
也迎来改革发展的新篇章。

第一节　迳下是广东农村的一面镜子

迳下最近三四年的发展令人欣慰，作为全广东 26500 多个村
（社区）之一，它是幸运的。但在此之前，迳下也经历过长期的
困顿和裹足不前。人和地，屋和田，经济和社会，传承和发展，
眼前和长远，各种问题交织在一起，突出反映了村庄治理中的各
种问题。它是广东农村的一面镜子。

改革开放前，广东是一个沿海的边陲省份。改革开放后，
广东以年均 11.7% 的经济增长速度，到 2023 年时经济总量超过
13.5 万亿，连续 35 年居全国第一。但这个全国第一经济大省还有
另一面：城乡区域发展不平衡是基本省情，也是高质量发展的最
大短板。

说到这种发展的不平衡，人们常常引用珠三角 9 市和粤东粤
西粤北 12 个市的 GDP 数据对比。对我来说，光对比广州辖内的
村子就能吓一跳。和天河、海珠、番禺的富裕村相比，迳下的分

红收入能差十几倍，集体收入能差几十倍，看起来仿佛是难以逾越的鸿沟。

龙湖街道情况更特殊，一边是高大上的城市，拥有国际前沿的规划，新标准建设的住宅，一应俱全的教育、医疗等公共服务体系。另一边隔条马路就进入村子，管理体制，经济状况和人的发展水平完全不同。村庄内生动力不足，一体化发展政策不健全，资源要素从乡村向城市净流出的局面尚未扭转。

是否要像其他村一样，通过旧改整体并入城市？迳下没有走这条路。三四年来的发展也给了干部信心，迳下不是非要走原来的老路。它一定要走出一条新农村发展之路，让大家看到未来乡村的样子。

如何借助"百千万工程"的强劲东风，真正解决迳下发展中的深层次问题，关注迳下的同志们一直在思考。

第二节 关于"头号工程"如何落地的思考

2022年12月8日，广东省委十三届二次全会审议通过了《中共广东省委关于实施"百县千镇万村高质量发展工程"促进城乡区域协调发展的决定》，首次提出"百县千镇万村高质量发展工程"。会议提出，缩小区域发展差距是推进中国式现代化的广东实践最紧迫的任务，城乡区域发展不平衡是推动高质量发展必须补上的最大短板，实现区域协调发展是畅通循环、构建新发展格局的关键所在。

笔记：

　　"百千万工程"是针对发展不平衡问题提出的。要发展，要均衡发展，全面进步，这是省委省政府的初衷。先富带动后富，共同富裕是新时代广东应有的使命担当。

2023年2月13日，广东省委农村工作会议暨全面推进"百县千镇万村高质量发展工程"促进城乡区域协调发展动员大会在广州召开。会议统筹部署建设农业强省和实施"百县千镇万村高质量发展工程"，动员全省上下迅速行动，把实施"百千万工程"作为建设农业强省、推动城乡区域协调发展必须抓好的重大战略举措抓紧抓实，奋力开创广东"三农"工作和城乡区域协调发展新局面。

笔记：

　　广东要发展农业吗？当然要，而且必须发展好。广东还有3300万人生活在农村，占全部人口数的1/4。广

东的城市化率已经达到 75% 左右，基本等同于发达国家水平了，进一步提升的空间有限。必须把农村发展作为一项专门而且重要的工作做好。

在广东省委农村工作会议暨全面推进"百县千镇万村高质量发展工程"促进城乡区域协调发展动员大会上，中共中央政治局委员、广东省委书记黄坤明强调，要迅速行动、狠抓落实，大力实施"百县千镇万村高质量发展工程"，推动城乡区域协调发展朝着更高水平更高质量迈进。要立足"抓什么"，把准县镇村高质量发展的重点任务，着力抓好县域经济，大力培育特色优势产业，持续推动县域省级以上产业园区提质增效，打造县域经济主引擎；抓好县域城镇化，全面提升县城综合承载能力和乡镇综合服务功能，建强中心镇专业镇特色镇，建设美丽圩镇；抓好城乡融合，推进城乡规划"一张图"、城乡建设"一盘棋"，推动基础设施向镇村延伸，加快实现城乡基本公共服务均等化。聚焦"怎么抓"，确保各项工作有力有序向前推进，坚持分类施策，"抓两头、促中间"，实施"创先、进位、削薄"行动，推动各尽所能、各展所长，催生更多百强县、千亿县，实现县域实力整体提升；突出改革创新，推动扩权赋能强县，深化镇街体制改革，抓好城乡融合发展体制机制改革，破除妨碍城乡要素平等交换、双向流动的制度壁垒,激发县镇村发展活力;强化政策支持,制定完善"1+N+X"政策体系,深入开展新型对口帮扶协作,实现优势互补、互利共赢;强化要素保障,以财政、金融、社会"三管齐下"强化资金保障,以县、镇、村"三级发力"强化土地保障,以县内县外"双向施策"强化人才保障,确保要素资源投入持续不断。明确"谁来抓",组建省市县三级指挥机构和工作专班,由党政"一把手"亲自部署亲自抓,形成指挥有力、上下贯通、协同推进的工作格局;坚持"主抓到县"与"由县主抓"相统一,全面实行省领导同志定点挂钩市、联系县,推动各县(市、区)担起主责、唱好主角,广泛发动各方力量参与,带领镇村两级和广大群众把各项部署落到实处。

笔记:

百城千镇万村,省委省政府首先要抓的是县。经过多年发展,广东的县(区)已经具备了相当的活力和后劲,可以说各有特长。镇村数量多,太分散,各种短板太多。县(区)机构完备,机制健全,干部人才有一定保障。县的工作做好了,自然能提带镇,拉动村,提纲挈领。

但广州市,尤其是黄埔区的情况又有所不同。作为国家中心城市之一，广州各区已经经历了充分发展，要素聚集能力都比较强，经济发展和社会治理走在全省甚至全国前列。黄埔区作为国家级经济技术开发区所在地，一直是区域高质量发展的重要引擎。就拿我们小小的龙湖街来说，已经是中新广州知识城的核心区，广州市 12 个国际化社区之一，科技、教育、卫生、环境等已经走在全市前列。我们稍有懈怠，就会有各种规划、项目和新来人口推着我们往前走。

从这个角度来说，如何把迳下这个点打好，是我们最需要努力的。

"百千万工程"可概括为"一三五十"目标任务：一年开局起步、三年初见成效、五年显著变化、十年根本改变。

到 2025 年，城乡融合发展体制机制基本建立，县域经济发展加快，新型城镇化、乡村振兴取得新成效，突出短板弱项基本补齐，城乡居民人均可支配收入差距进一步缩小。

到 2027 年，城乡区域协调发展取得明显成效，县域综合实力明显增强，一批经济强县、经济强镇、和美乡村脱颖而出，城乡区域基础设施通达程度更加均衡，基本公共服务均等化水平显著提升。

展望 2035 年，县域在全省经济社会发展中的地位和作用更加凸显，新型城镇化基本实现，乡村振兴取得决定性进展，城乡区域发展更加协调更加平衡，共同富裕取得更为明显的实质性进展，全省城乡基本实现社会主义现代化。

笔记：

省委省政府充分考虑了"百千万工程"的艰巨性，做了长远打算和规划。一年谋划，有策略定蓝图；三年干起来，有点样子，形成惯性；五年出阶段性显著成果；十年时间实现根本跃升。

逐下的发展速度应该可以大大提前。其他地方可能是村跟着镇，镇跟着县。我们是反过来，各级部门都把逐下视为掌上明珠。我们有市、区两级的高度重视和支持，有之前发展打下的好基础，只要目标可行、策略得当、执行力强，一年就能看到变化，三年就能实现目标。

"百千万工程"是广东高质量发展"头号工程"，是进一步拓展发展空间、畅通经济循环的战略举措，是惠民富民、不断满足人民对美好生活需要的内在要求，是整体提升新型工业化、信息化、城镇化、农业现代化水平的迫切需要，对推动广东在新征程上走在全国前列、创造新的辉煌具有重要意义。

实施"百千万工程"，瞄准的是解决城乡二元结构，服务的是推进乡村全面振兴，目标是实现城乡区域协调发展、增强农村经济活力、实现农业农村现代化。

笔记：

经济要素是流动的，城乡是互联的，发展是全面、全域性的，必须跳出迳下发展迳下，敢于把城里有的东西放到农村。院士为什么不能进村？高科技新兴产业为什么不能进村？高品质房屋、供应链和基础设施服务为什么不能进村？村民为什么不能享受高质量的教育、医疗和信息服务？要大胆假设，小心论证，敢想敢干。

当然，村要有村的样子，它的风貌、它的文化、它的产业必须有所传承，新进入的东西要和原来的肌理融为一体，不能生搬硬套，而是要认真探索。

此后，广东以 122 个县（市、区）、1609 个乡镇（街道）、2.65 万个行政村（社区）为主体全面实施。2023 年 7 月，广东根据县域经济实力和发展潜力,把 57 个县(市)划分成创先类(15个)、进位类(27 个)、消薄类(15 个)三条赛道,推动各地立足县情实际,找准实施"百千万工程"的着力点、突破口。2023年 11 月,"百县千镇万村高质量发展工程"首批典型县镇村名单公布,共有 22 个县(市、区)、110 个镇、1062 个村(社区)入选。其中,22 个典型县按照创先、进位、消薄三类形成分类考核体系,分别有 9 个、10 个、3 个。

笔记:

　　这下已入选第一批典型村,说明省委省政府认可我们的思路。

　　2003 年 6 月,浙江省委启动实施"千村示范、万村整治"工程(以下简称"千万工程"),从全省 4 万个村庄中选择 1 万个左右的行政村进行全面整治,把其中1000 个左右的中心村建成全面小康示范村。20 多年来,"千万工程"久久为功、扎实推进,先后经历了示范引领、整体推进、深化提升、转型升级 4 个阶段,经历了从温饱型生存需求向小康型发展和共富型发展需求的演变,实现了从"千村示范、万村整治"向"千村精品、万村美丽",再向"千村未来、万村共富"的迭代升级。

东湖塔影

　　"千万工程"建设带来了浙江村庄在产业、文化和城乡重构方面的变革，也让万千乡村有了真正的美丽嬗变。在推进"千万工程"中，宁波市宁海县越溪乡王干山村结合"看东海日出、观沧海桑田"的景观特色，以文化为纽带，合理开发特色旅游资源，打造精品民宿，以独特的山海景观和日趋完善的服务设施，每年吸引众多游客。图为众多游客在王干山村体验民宿、露营打卡。

"千万工程"造就了浙江万千美丽乡村，造福万千农民群众，成效显著，影响深远。2018年9月26日，"千万工程"荣获联合国"地球卫士奖"。

经过20年的实践与迭代升级，"千万工程"的内涵和意义在不断深化和升华。"千万工程"改变的不仅仅是乡村的人居环境，还触及了乡村发展的方方面面，深刻改变了乡村的发展理念、产业结构、公共服务、治理方式以及城乡关系。因此，"千万工程"不仅是乡村人居环境整治与改善的乡村建设工程，也是惠民工程、民心工程和共富工程，是乡村振兴发展和城乡融合发展的基础性、枢纽性工程。

第三节　指挥部搭起来

省委吹响了"百千万工程"前进的号角，黄埔区、广州开发区秉承快速行动、敢为人先的精神，一把手挂帅，重新审视自身状况，对标广州市要求，快速搭建自己的目标、策略和机制，第一时间动起来。

全区首先围绕"建机制、树典型"，锚定打造产城融合、城乡融合双标杆区的总目标，发挥产业基础好、科技创新强的特色优势，聚焦产业经济、科技创新、城乡融合、绿美乡村、对口帮扶、改革创新等方面，以新龙镇典型镇建设、黄埔创新谷打造、全域土地综合整治等重点工作为抓手，有力有序推动"百千万工程"各项工作实现良好开局。

系统推进，建立高效协同指挥推进机制。黄埔区建立搭建完善"1+8+17"的"百千万工程"指挥体系，成立区"百千万工程"指挥部、8个工作专班、17个镇街建立相应指挥体系机制，区委主要负责人任指挥部"一线总指挥"。建立挂点联系督导、每周调度、各线条各专班联系机制和三级联络人工作机制，制订"一区一策"工作方案，以头号工程力度推进11项核心任务和100项具体任务落实落细，以指挥有力、上下贯通、协同推进的指挥工作体系，构建高效工作推进制度机制。

产业为先，筑牢"百千万工程"特色底座。产业基础好、科技实力强是黄埔区的特色。作为广州实体经济主战场、科技创新主引擎，黄埔区以产业为先，前瞻性布局"三城一岛"战略发展平台，全力创建粤港澳大湾区新发展格局战略支点先行区，提升区域发展能效。中新广州知识城布局新型储能、低空经济、AI芯片等3大未来产业，规上工业总产值实现倍增，新质生产力蓬勃发展。

城乡融合，绘就和美乡村新画卷。产业旺起来，村民富起来，乡村全面振兴才有效果，其中的关键，就是产业融合。黄埔

指挥部就设在小火车上，迳下改造有了"火车头"

区以乡村为本，坚持以科技推动乡村产业发展，构建了"一港两园三院"农业科技产业创新体系。积极推进"院士下乡、产业进村"，打造迳下未来乡村，规划黄埔创新谷，布局广州市颠覆性技术创新中心、黄埔创新学院、田园科创总部等创新平台。迳下在黄埔区整个"百千万工程"目标体系中，不能说是最重要的，但肯定是最受期待和厚望的。

迳下改造的指挥部就落在龙湖街，我挑选来多位有专长的街道班子成员。所谓专长，不是看什么专业背景，而是看以往擅长做哪类工作，有没有出成果。知识城开发建设办和区各职能部门也抽调精干力量，包括规划国土、规划设计等方面的专家，参与到迳下项目的具体工作中来。拆迁、动员等工作的负责同志直接和迳下村委一道，搬进了小火车办公，那里成了我们的临时前线指挥部。

2024 年 5 月 9 日，广东省委农村工作会议暨深入实施"百县千镇万村高质量发展工程"推进会在广州召开，会议通报表扬获 2023 年度省实施"百千万工程"考核评价优秀等次的区县名单结果。其中，黄埔区获评全省"创先类"优秀区。

附：学习径山，谋划超越

浙江杭州市径山村，是乡村振兴的先行者。跟随省市领导的脚步，我也去认真学习考察，收益很大，思考很多。

径山村一是根据地方特色与片区资源禀赋，打造主题式乡村振兴业态，通过主题化差异化竞争，打响片区乡村振兴品牌。二是一二三产业结合，延展传统农旅产业链，形成"农产品＋衍生产品＋创意服务"的产业体系，通过创造附加价值提供一个可持续、循环发展的商业模式，增加农民收益。

以"千万工程"为牵引，径山村着力推进基础设施提升、美丽乡村建设、生态环境保护，大力开展农村生活污水治理、"五水共治"、垃圾分类等工作。对废弃矿坑进行生态修复，对竹林固碳提质增效，利用生态湿地固碳，实现绿地公园全覆盖。同时，铺设污水管网、自来水管网，修复老石板路；整治房屋外立面，统一白墙黛瓦的风格；"围墙革命"将高围墙全部拆除，用石头、砖瓦、竹木等当地材料做成低矮且具有乡村味道的绿色景观墙；庭院整治使房屋、围墙、庭院洁化、绿化、美化。通过生态环境、大气环境治理、水体环境治理、村民居住环境优化，打造出"禅茶飘香"的村庄氛围。

径山村的房屋建设管理是我关注的重点，尤其是带图审批奖励政策。对配合开展带图审批建房工作，符合前置审批条件，符合"六到场"监管要求，建房过程中严格按图施工且无超面积行为（指主房及庭院总面积）的建房户，在主房、庭院面积、围墙及外立面验收合格后，给予原基拆建10000元/户、异地新建16000元/户的奖励，围墙另给予 2000 元／户奖励，其中主房二次验收合格后先给予 30% 奖励，围墙验收合格后给予剩余的 70% 奖励。以简欧式风格建造的房屋和围墙不予奖励。

同时，村里还制定了《农村建房带图审批指导手册》，进一步规范农村建房。指导手册提供 20 种建房样式和 7 种围墙样式，以及农村村民建房政策性的规章制度、建房控制的管理范围。农户可自行选择手册提供的方案进行建房施工，房屋内部户型可由村民自行设计。如农户有个性化需求，可提供自己设计的房屋外立面及围墙效果图，经过相关部门的联合审核后，只要能够融入大径山整体的风貌环境，即可采用、建造。

径山村是有着"中国驰名商标"称号的径山茶的原产地和核心区域。在"千万工程"的牵引下，围绕"禅"与"茶"，径山人做足了文章，探索起茶文旅融合发展的新"茶经"。

围绕"径山茶"品牌，打造产业链，布局相关的民宿、餐饮、周边文创等一系列产业和活动。突出禅茶主题特色，以 3000 余亩茶园为依托，深度捆绑千年古刹"径山禅寺"等文旅资源，发展集种茶、制茶、卖茶、茶旅游于一体的产业体系,主打"禅茶"。

2013年初,径山村只有1家民宿,到2023年7月已经有103家注册的民宿和农家乐了,这意味着近1/4的村民都成了"小老板"。以"禅茶第一村"为品牌,径山村建立了以旅游公司为龙头,经营农户加盟的共同体运营模式,统一对外宣传、引流导客,统一进行客源的登记和分配,实行"业务共生、生态共建、利益共享"。

和径山对比,迳下的历史欠账很多,主要体现在房屋报建审批流程缺失,导致部分道路和房屋建设凌乱,毫无规划性和设计感。迳下也缺乏径山茶这样的经济作物和拳头产品,要从新产业植入上花心思。我还了解到,迳下民宿虽多,但依然无法摆脱工作日客少、回头客少的难题,店主纷纷表示不太挣钱。这印证了我的一个看法,当地靠乡村旅游的收益很难持续稳定增长,民宿回报率还不如农家菜。迳下要跳出旧思路,开创新模式。

第三章

规划引领：铺开发展新蓝图

熟悉新加坡发展史的人都知道，其成功的关键一点就是规划先行。在土地空间有限的情况下，如果能做好规划并一以贯之地执行，弹丸之地也能成为全球发展中的重要力量。位于中新广州知识城的迳下，要在原有村庄规划的基础上，再谋划，再提升，再落实，把小小村庄做成未来中国乡村的典范。

第一节 有规可依太重要

城市里的 CBD、中轴线要规划，产业园要规划，一个村子同样要规划。好的规划对于村子不仅重要，其难度一点也不低。给大象做手术，和给麻雀做手术，都是技术活。径山村的同志曾向我们介绍，"规划引领"和"强化统筹"是两大关键经验。

村庄规划是指导村庄发展建设的蓝图，具有全局性、综合性、战略性、前瞻性的特点。它的主要任务是：科学评判村庄发展的内外部条件，针对村庄发展建设中的主要问题，合理把握经济社会发展趋势，综合安排空间资源配置，并对一定时期内村庄土地利用、空间布局和各项建设进行统筹安排。

2013 年中央召开城镇化工作会议，明确了城市规划要保持连续性。在乡村建设中，更要充分发挥乡村规划的引领作用，把编制与管理好乡村规划作为乡村建设的重要任务。尤其是发挥规划的指导约束作用，坚持先规划后建设，无规划不建设，确保乡村产业设施、公共基础设施、基本服务设施建设从容展开，农村人居环境改善、乡村生态保护、农耕文化传承有序推进。

广东对村庄规划有着明确的要求，近年来多次出台相关规定。2019年发布的《广东省村庄规划编制基本技术指南（试行）》，对村庄规划编制内容、成果提出明确的要求。2022年发布的《广东省自然资源厅关于分步分类推进村庄规划优化提升工作的通知》规定，可以按照《关于明确过渡期内村庄规划有关政策的通知》先编先批先用村庄规划（含重新编制）。

其实在2015年挂职迳下村期间，我就着手为迳下编制规划了。请来的专家团队做出了高水平的方案，但2017年落实规划的就中断了。有了规划，才能有"一张蓝图干到底"的战略定力、集聚资源久久为功的战术坚持，从而奠定成功的根基。浙江的"千万工程"每5年出台一个行动计划，每个重要阶段出台一个实施意见——最快的脚步恰恰源于坚持。

反思我们，村庄规划可能做了，但落地确实有短板。迳下村民盖房子是没有报建手续的，我的工作经历中好像也没有这方面的记忆。跟广东其他区市的朋友同事聊，他们也说好像没有。看珠三角的房子，千篇一律的水泥板楼，从三四层到八九层，脸贴脸，背靠背，俗称"握手楼"，根本没啥退让空间，连街巷道路都被挤占成一条缝。

2023年12月公布的《广东省自然资源厅关于全力以赴做好典型县镇村规划，支撑"百县千镇万村高质量发展工程"不断走深走实的通知》中明确，典型村统一规划、集中建设新村的，要科学合理选址、节约集约用地。省厅为"百千万"工程的开展制定了具体的支撑文件，为我们放开手脚，从容开展新型乡村建设提供了有力保障。类似的文件还有很多，可以说是全方位的支持。

第二节　迳下发展有了纲

2023年8月5日，黄埔区"百千万工程"指挥部办公室召开工作推进会议，明确要求加快编制片区详细规划方案，统筹黄埔创新学院、颠覆性技术创新中心、迳下乡村振兴等项目，优化迳下产业布局、道路交通体系，打造迳下"百千万工程"示范区。

根据这一要求，龙湖街联合中新广州知识城开发建设办公室，一同启动迳下村村庄规划修编工作。项目初期，通过召开多轮座谈会、研讨会、一对一沟通交流会等多种形式，邀请迳下村村委和村民参与村庄规划修编的全过程。

在确定项目定位后，广州市城市规划勘测设计研究院便着手启动村庄规划修编，修编完成后先后经过征询意见公示、村民代表大会表决、专家评审会、征询区职能局意见、报送区规委会等多个流程，最终呈报区政府审议批准。

修编村庄规划时，我们主要坚持以下几个原则。一是充分贯彻上级政府指示和重要文件精神，坚持典型村统一规划，科学选址，节约集约用地，在整个街道辖区范围内统筹各类土地的总量平衡。二是因地制宜，借鉴示范村经验，做好区域规划衔接，迳下村区位优势明显，属于黄埔创新谷的规划范围内，在借鉴学习浙江"千万工程"典型示范村经验的前提下，找准迳下村自身定位，并做好与黄埔创新谷规划的功能布局、交通组织、产业体系和空间形态的有机衔接。三是充分吸纳村委和村民的意见和诉求，坚持从村庄未来发展、村民实际需求出发，改善村容村貌，充分发挥山水林田湖等自然资源优势，布局公服配套和市政基础设施，延伸细化产业空间布局，打造农文旅示范基地。

规划就要谋大局，看长远。此次迳下村的规划，视野不局限于村庄自身，力求"跳出迳下看迳下"，将迳下村嵌入龙湖街、黄埔区甚至是广州市的发展大局。我们特别明确，此次迳下村整体规划要结合中新广州知识城发展规划及区域国土空间规划，由黄埔区提级管理，立足迳下村村情，充分融入黄埔创新谷规划，联动构建产村融合整治单元，创新"乡村振兴＋科创田园＋生态农旅"的土地综合整治路径，同步在村庄规划内考虑布局餐饮、民宿等商业配套设施，完善配套博物馆、村文化中心、展览馆、特色中医馆、卫生站等公共服务设施，以及智慧能源、垃圾处理、污水处理等市政公用设施。

在各方力量的支持下，《广州市黄埔区龙湖街道迳下村村庄规划修编（2023－2035年）》终于落定。

附：《广州市黄埔区龙湖街道迳下村村庄规划修编（202－2035年）》（部分）

广州市黄埔区
龙湖街道迳下村村庄规划修编(2023 — 2035年)
（技术文件）

广州市黄埔区龙湖街道
2024年4月

《广州市黄埔区龙湖街道迳下村村庄规划修编（2023 — 2035年）》是在以往规划基础上，坚持"前瞻规划带动后续发展"的原则。规划范围为新九快速路以西、迳下村村域范围，面积为335.68公顷。重点以城镇开发边界外区域以及迳下社、高禾场村庄建设区域为

主。以 2023 年为规划基期年。规划期限为 2023 — 2035
年，其中，近期到 2025 年，远期到 2035 年。

（一）整体定位

省级高质量城乡协调发展示范村。落实广东省
"百千万工程"建设要求，聚焦城乡协调发展，实施乡
村振兴发展，打造黄埔特色的省级城乡融合示范区。

山拥水绕的高品质生态文化村。以生态优先为出发
点，尊重区域山水格局，结合迳下水系连通工程建设，
打造蓝绿交织、显山露水的高品质生态环境，推动乡村

生态旅游发展，建设山拥水绕的高品质生态文化村。

城乡统筹的深度融合创新村。以黄埔创新学院、颠覆性技术创新中心等重点项目为引领，充分融通创新链、产业链、人才链，激活创新动力源，为粤港澳大湾区的战略性新兴产业发展提供强力的载体支撑。

（二）规划策略

生态优先。优先保护迳下村山、水、田等原生态资源，保护耕地和永久基本农田，通过迳下水系联通工程提升区域"水生态"，实现绿色发展和高质量发展。

产业先行。以"百千万工程"示范带为契机，结合已有产业基础，建设"智慧农业＋农科研学＋文化体验＋生态度假＋健康运动"，宜游、宜乐、宜居、宜养的岭南田园综合体。

农旅融合。一产与三产结合、现代农业与旅游发展相结合、农村与城市融合、山野与主题结合、企业与农户结合，打造"以农促旅、以旅兴农"的新型经济发展模式。

静美迳下。尊重自然地理格局和岭南乡土文化，通过村庄风貌整治、拆旧建新、垃圾集中收集、污水集中处理、完善公共服务和市政设施，建设与生态融合的静美村庄。

（三）产业规划

1. 产业发展策划

迳下村现有产业基础厚实，具有山、水、田三大资源禀赋，但现有产业主要集中在农业农村资源的利用和运营上。借鉴径山经验，凝练迳下主题，打造"湾区桃源"。

①对标 4A 景区标准，提升迳下村服务与环境质量，提升年接待游客数量，争取申报提级为 4A 景区

②一二三产联动发展，树立乡村振兴品牌，发展乡村振兴农文旅产业集群

· 生态保护、利用与农业产业相结合。

- 新农村建设与本土文化建设相结合。

- 品牌打造与村集体经济发展相结合。

搭建"农业+"现代农业产业发展平台（农业+互联网、精深加工、旅游、文化、品牌），构建"五化"生态体系，提高农业综合生产能力（绿色化、标准化、科技化、信息化、规模化）。

③打造乡村振兴农文旅产业集群

福和山郊野游憩片区：依托知识城徒步道建设工程东环线，建设北起腰坑水库、往南串联迳下村、水响水库、柯木窿水库至洋田村平岗河碧道的山间、林间游步道。

竹山路乡村文旅片区：结合竹山路串联从何棠下村到迳下村的重要景观节点，以迳下田园为核心，包含农业基地、溪畔竹林、田园大厅、田野集市以及水乡民宿等的乡村体验节点，形成既满足村民生活服务、村庄产业提升需要，又满足游客游憩体验需求的乡村文旅空间。

④村政企民合作，引导村落自身造血，丰富产业空

（3）产业发展策划

一二三产联动发展，树立乡村振兴品牌，发展乡村振兴农文旅产业集群

- 生态保护、利用与农业产业相结合
- 新农村建设与本土文化建设相结合
- 品牌打造与村集体经济发展相结合

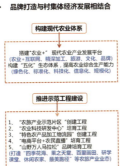

间载体

　　农业生产：建设高标准农田，联合农业产业基地、草莓园、火龙果园等农业项目，打造特色迳下"菜篮子"农产品。

　　农产品加工：设置农产品加工坊，利用火龙果、草莓等特色农产品进行二次加工，生产果酒、罐头等特色产品。

　　乡村旅游：依托迳下水系工程、乡村振兴总部等项目的建设，结合纳米水乡迳下景区4A级旅游区申报，充分发挥山水风光秀美、幽静独特的自然资源禀赋，打造

"迳下静美·湾区桃源"品牌。

2. 产业项目规划

整合已有旅游资源及运营项目，挖潜山、水资源禀赋，结合农文旅发展需求，充分预留百千万展厅、驿站、特色商业街、游客服务中心、公共停车场等产业项目和配套设施。整村全域落实产业项目布局，因地制宜打造绿美碧带，串联三大乡村主题游线。

项目遵循模式，集中村宅建设区域，腾挪产业发展空间。

• 首期在村域西侧，村入口处以东安排 1.53 公顷用地，作为新增宅基地，建设村民安置住宅。

• 首期村宅建成后，动员竹山路以北高禾场社的村民进行搬迁，拆除现有村宅，腾出场地空间。

• 在腾出的用地上建设田园科创总部等产业项目与院士谷等现有项目联合打造为迳下村未来的产业引擎。

• 二期、三期在竹山路以北迳下社村民原有宅基地基础上，新增 5.72 公顷宅基地，建设二、三期的村民安置住宅。

• 拆除迳下社部分质量不佳的村民住宅，搬迁村民，抽疏现有的内部空间。

• 内部空间腾出的用地，安排补充村级各类配套服务设施，集中建设村综合服务中心，因地制宜建设"四小园"，改善内部环境。

福和山郊野游憩片区

1. 东湖观鸟点（规划）2. 竹山旅道（规划）3. 水响徒步（规划）4. 山野马拉松服务站（规划）5. 福和山观鸟站（规划）6. 福和山山野公园入口（规划）7. 山智慧公园（规划）8. 生态农业公园（规划）9. 西迳山公园（规划）10. 登山游客休息驿站（规划）11. 迳下驿站 12. 瞭望塔

竹山路乡村文旅片区

1. 迳下惠农中心 2. 草帽火车创意餐厅 3. 迳下田园 4. 花间集·德食 5. 院士谷 6. 迳下别院 7. 植物工厂 8. 溪畔竹林（规划）9. 草帽广场 10. 龙湖现代农业基地 11. 迳下田园大厅（规划） 12. 田野集市（规

划）13. 水乡民宿（规划）14. 田园科创总部（规划）

15. 九佛革命烈士纪念碑

（四）国土空间

根据管控边界，合理划分农业、生态、生活三类空间。

农业空间：主要分布在村域南部、竹山路以南，以农用地整治、高标准农田建设为主，保护耕地和永久基本农田保护，适当融入休闲观光、农业体验的旅游功能，强化农地生物廊道功能，保障农产品质量和生态安全。

生态空间：主要分布在村域东部、福和山区域，在保护自然山体、水体和生态公益林的前提下，开展生态修复工程，包括森林公园和登山步道、驿站建设，水系连通工程等，保护、恢复自然生境的核心区和关键物种，最大限度地维持自然生态系统的原真性。

生活空间：主要分布在村中部，包括迳下社、高禾场村庄建设空间，以及城镇开发边界内的城镇发展区，

优质生态，优质生活

依照控制下详细规划和村庄规划，满足村民、城镇的建设需求。

（五）规划结构

五区：乡村生活区、产业发展区、农旅融合区、生态维育区、城镇发展区

两带：城乡融合发展带、竹山路乡村振兴带

三心：乡村综合服务中心、农旅田园体验中心、产业科创研发中心

第三节　迳下改造三要素

正式规划是专家们做的，要落地实施，以我多年的基层工作经验看，要处理好几个关键要素和它们彼此之间的关系。人这个要素自不必说，土地、房屋和产业对村子的改造至关重要。它们既涉及国家的法律法规政策，又牵扯群众的根本物质利益，处理起来复杂棘手。但迳下既然要做"百千万工程"的尖兵，这些要素就必须处理好。

土地怎么调，怎么用，是村庄发展的基础。没有合适的地，什么事都干不成。我们国家实施严格的土地管理制度，性质、边界、红线、图斑……这是基层干部经常打交道的词语。有的同志感觉土地的规矩太多了，束手束脚，以符合国家土地管理的相关规定。

我在工作中也曾因土地使用问题而一筹莫展，以前还因为这个和国土部门的同志红过脸、吵过嘴。通过一次次的碰壁和学习，我看到了国家严管土地的意志和一竿子插到底的决心，明白

必须投入力量把土地问题厘清搞顺，在此前提下才能开展改造和建设。弄懂搞熟土地政策，小流转就能产生小收益，大调整就能带来大价值。

房屋既是村子的脸面，更是村民的家。由于历史原因，村里的房子盖得毫无章法，灰头土脸。可人住进去，房子就有了烟火气，就有了难以割舍的情感，所谓一砖一瓦总关情。穿衣戴帽，村民的阻力还小一点，一旦大刀阔斧做根本性的改造，村民就要左思右想，顾虑重重。

根据广州及黄埔的改造政策，房屋拆迁村民肯定是赚的。旧屋变新居，一套换几套，资产几倍增加。可再好的事都有反对的人，尤其是因为家庭内部矛盾，兄弟姐妹争产、反目的事经常发生，极难调和。家族之间、生产队之间也时常会因历史遗留问题产生矛盾。不改造风平浪静，一拆迁问题全冒出来了。

还有产业导入的问题。农业是本分，挣钱也许不多。环顾整个迳下就那么点田地，辛辛苦苦耕种只能维持温饱。种菜收入高些，但起早贪黑，夜里两三点就要起来采摘，四五点就要送到附近的农批市场去，很多年轻人吃不了那个苦。

迳下风光旖旎，旅游是必须做的。可游客来了能花多少钱？民宿怎么摆脱节假日才有客的尴尬？毕竟我们缺乏三山五岳、西湖滇池那样厚重的文化积淀，也缺乏丽江、三亚那样独一无二的景观，连径山茶这样的独特产品我们都没有。同志们也曾努力推广过迳下稻米，可自己煮了都不觉得有多好吃。

先开枪，再瞄准。不能因为可能遇到的问题而畏首畏尾，只要大方向是对的，动起来，总会有解决办法。在"百千万工程"方针的鼓舞下，迳下迈入了脱胎换骨、动真碰硬的改造进程。

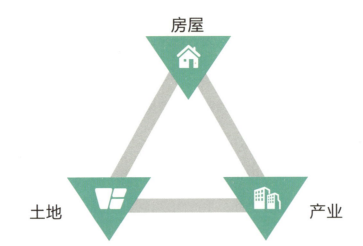

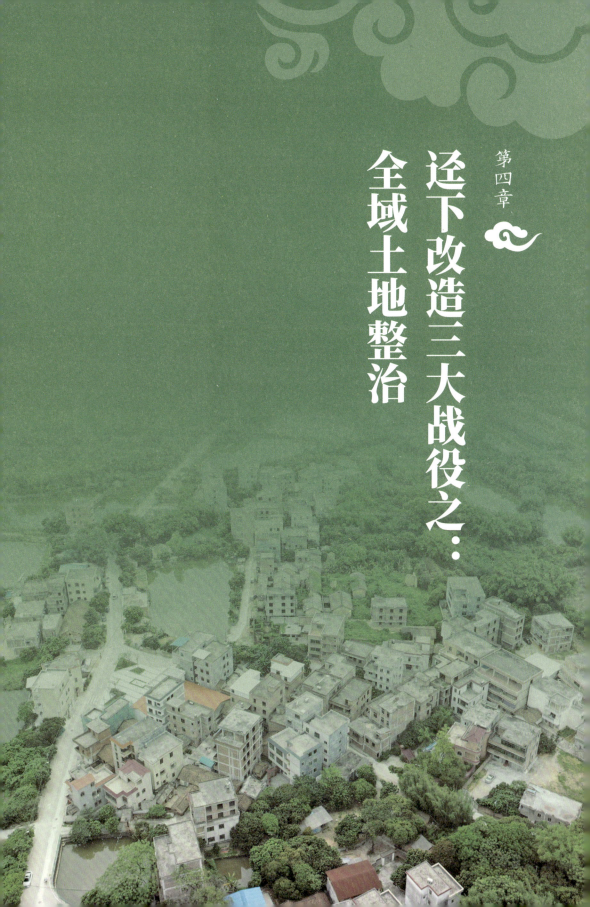

第四章

迳下改造三大战役之一
全域土地整治

　　没做过农村工作的人，以为农村土地广阔，可以甩开膀子、信马由缰大干一场。可真做起来就会发现大量的政策法规、久远的历史沉积和复杂的人情文化都绕不开、避不过，必须全面熟悉掌握，条分缕析，找准关键，敢于改革、创新、突破，才能真真正正谋得发展。全域土地整治，就是这样一场攻坚克难的战役。

第一节　拥挤、零散、错位的迳下

　　去乡村旅游，人们往往会被它的美景所吸引，身心得到放松和休憩。但如果你是去做农村工作，感受就完全不同了。所谓看起来很丰满，现实很骨感。迳下在游人眼中是一幅画，然而当你准备改造它的时候，问题接踵而至，最棘手的就是土地问题。

　　大部分的中国村庄，都可以说是自然生长的过程，是在生产力水平低下的时代一步步积累起来的。家族有余力了，就在原有田地之外多开垦片田。孩子大了要结婚分家，就在老屋旁边盖个新房。以现代的眼光审视，这些布局肯定是不合理的，无法适应现代生活和产业的发展。

　　630亩耕地，4103亩山林，水库、山塘、鱼塘纵横交错。作为典型的岭南风貌村庄，迳下的土地问题集中表现在拥挤、零散、错位几方面。所谓拥挤，主要是民居集中在不到3%的面积内，很多村民建房时"赶尽杀绝"，把宅基地全部拿来盖楼，院

土地流转后打造的采摘园

子都没有，更不要说留下公共空间，道路狭窄曲折。所谓零散，就是你家一块田，我家几分地，规模种植效益发挥不出来，看起来像块用旧了的碎花毛巾。所谓错位，就是没有按照功能区做合理划分，不符合现代人的生活方式。

可在耕地保护的国策下，这些历史形成的地块划分通过法律、政策、技术和机制等多维度相对固化下来，轻易动不得。通过这些举措，国家刹住了乱占耕地、无序建设的顽疾。中国土地整治正从以乡村为主、以农地、废弃地等为主的传统整治格局迈向城乡全域土地整治的新局面，也为迳下的改造提供了机遇。

对迳下村来说，土地综合整治最重要的工作是整理农用地和建设用地：通过优化归拢耕地，实现良田成片；通过盘活低效用地，促进土地节约利用，为产业发展提供用地保障。我们决心借助"百千万工程"的契机，依靠上级部门的支持，从土地入手，给迳下来个"骨科手术"，真正把土地问题搞顺。

按照新的村庄规划，迳下村以全域土地综合整治为纲，以"良田成片、产业集聚、村庄集中、生态优美"为目标，全面提升片区空间规划，打造未来乡村示范项目，推动城乡融合高质量发展，建设科创引领、产业集聚、良田成片、生态绿美的黄埔创新谷，探索一条"小调整"撬动"大价值"的"脱胎换骨"之路，为城乡融合建设释放源源不断的空间动力，推动"百千万工程"走深走实。

附：全域土地综合整治

　　全域土地综合整治指的是在一定的区域内，按照土地利用总体规划确定的目标和用途，以土地整理、复垦、开发和城乡建设用地增减挂钩为手段，推动田、水、路、林、村综合整治，推进城乡一体化进程的一项系统工程。

从这个意义上来说，全域土地综合整治区别于以传统资源要素投入推动经济增长的模式，而是与当前社会经济发展规律高度契合、通过优化人地关系加快高质量发展、推进人与自然和谐共生的系统性工程。它以科学合理规划为前提，整体推进农用地整理、建设用地整理和乡村生态保护修复，优化生产、生活、生态空间格局，促进耕地保护和土地集约节约利用，改善农村人居环境，助推乡村全面振兴。

迳下村"近郊贴城"的区位优势明显，也是广东省首批"百千万工程"典型村之一，通过规模腾挪、增减挂钩等整治手段，全面提升人居环境，有效探索"以产兴村"的路径。

第二节　从"点状供地"到"条状供地"

迳下的土地整治起点高，我们的目标是全面打造省级全域土地综合整治示范样板。具体来说，要发挥自然资源、科创资源优势，联动周边创新谷建设，探索产村融合整治模式。

首先，在迳下村开展农用地集中整治。以良田成片为根本，

惠农中心小广场

推动 4037 亩农用地整治提升工程，重点开展 515 亩高标准农田改造提升，对零散、凌乱地块进行科学、优化整合，持续实施土地流转，实现"田成方、路成框、渠成网"的现代化高效农业新格局。

其次，推进迳下村零散用地集中整备。联动农用地整治，盘活村庄闲置、低效建设用地和开展土地征收，探索"小调整"撬动"大价值"的低效用地整备模式，释放出 1200 亩连片产业发展空间，导入新质生产力产业，配套乡村特色公共设施，打造"科

创田园"特色产业社区。

再次，建立一套政策激励配套体系。探索实施激励机制，在恢复耕地奖励、集体用地确权、流程审批、历史文化保护4大方面开展政策创新，通过"以奖代补""容缺审批""流转入股"等方式，提高全域整治项目实施主体积极性，并建立健全全域整治考核机制。与此同时，主动与政策性银行对接，构建"农田整治＋生态建设＋乡村振兴＋产业导入"的项目包模式，撬动一批政策性资金支持。

把能用的地连到一起，才能发挥更大价值。我们在前期"点状供地"的基础上，形成"条状供地"新模式，即以"集约节约、灵活精准"为目标，强化土地集约节约利用，做到土地资源精准配置，推动迳下村各类土地资源集中连片开发。对布局无序的房屋进行拆旧建新，在迳下村内选取依山傍水地段，条状式布局村民房屋，推动村民居住环境更加优美宜人、科学合理。预计完成拆旧建新后，较拆旧之前节约居住用地约23%。

我们盘活村庄闲置、零星、低效建设用地，解决耕地碎片化、连片发展空间不足的难题，探索形成解决乡村产业用地问题的新路径，保障乡村产业项目、配套基础设施和公共服务设施项目落地实施，促进多元化业态的发展。

根据测算，迳下完成耕地集中整治900亩、集体土地流转

937.42 亩、拆旧建新 110 亩、林相改造 660 亩、水系连通 1200 亩，打造约 1200 亩成片连片产业载体空间。通过统一规划腾挪释放产业用地 2.15 万平方米、商业用地 2.13 万平方米，新增公服配套 1.85 万平方米。

通过"条状供地"合理布局腾挪出的可用于流转的村集体用地，由区属国企统一流转后，进行招商经营，以往闲置、低效利用的旧厂房、旧商铺等村集体用地将摇身一变，成为高端的科技园、企业总部，特别是田园科创总部 1.78 万平方米，商业用地 2.13 万平方米，总建筑面积约 8 万平方米，将吸引大量科技企业和科创人才入驻，为全区生产总值和税收总额做出贡献，村集体收入也能实现成倍增长。

用 1.85 万平方米新增公服配套用地，我们合理规划布局综合服务站等 11 处公服配套、社会停车场等 34 处市政设施及院士谷等多处科创商旅配套，实现基础设施与公共服务"双轮驱动"，打造美好便捷生活空间。

附：迳下土地整治三大成果

良田成片。积极推动迳下村高标准农田改造提升项目，纳入全市高标准农田创新示范点建设，开展 515 亩

高标准农田改造提升，推动4037亩农用地整治提升，探索集中连片、田块规整、土壤肥沃、设施先进、智慧高效、旱涝保收、稳产高产、生态良好、产业融合的高标准农田创新示范点，构建"田成方、路成框、渠成网"的现代化高效农业新体系。

产业集聚。重点打造科技创新智慧产业集群，利用腾挪释放出的1200亩连片产业发展空间，导入颠覆性技术创新中心、黄埔创新学院等产业集聚园区，区域内多点布局迳下田园科创总部、湾区低空经济产业创新中心等产业科创平台，合理规划公服配套、市政设施及科创商旅空间，辐射带动新质生产力向乡村延伸。

村庄集中。通过开展自主拆旧建新，集中村宅建设区域，从源头上改善农村居住环境。通过制定奖励政策引导村民自主有序改善村居风貌，做到在拆旧建新宅基地总面积不增加的情况下，依据村庄规划审批村民个人住宅，核发乡村建设规划许可证，实施"一户一宅"改造建设，拆除原有破旧危房，统一规划、集中建设282栋设施齐全、道路通达、依山傍水、错落有致的装配式岭南智慧农房。开展全域土地综合整治，迳下原 512 栋村民住宅，占地是 39000 多平方米。拆旧建新后，集中建设 282 栋设施齐全、道路通达、依山傍水、错落有致的装配式岭南智慧农房，占地约 30000 多平方米，较之前大幅减少，可实现土地的集约利用。

第三节　路要通、顺、畅、美

党的二十大报告提出，以中国式现代化全面推进中华民族伟大复兴，并做出"统筹乡村基础设施和公共服务布局，建设宜居宜业和美乡村"的战略部署。"百千万工程"建设，既要激发乡村的经济发展动力，也要不断整治改善人居环境。

打造未来乡村从何处入手？迳下村选择了"看得见"的基础设施建设和公共服务供给。

一路通，百业兴。农村道路，是连接城乡的纽带，是乡村全面振兴的助推器。它不仅是经济发展的"毛细血管"，更关系到乡村与外部世界的联通，关乎产业发展和农民生活水平的提高，承载着亿万农民的希望与梦想。

前文说过，过去的迳下对外通道不足、道路未成体系。在前期改造的基础上，迳下村全域化改善、建设道路，实现车行道、人行道、碧道、绿道、登山步道一张网发展。

　　修缮竹山路，推进竹山路道路提升及综合整治，完善道路基础设施，大幅提高景观绿化水平；新建竹溪路，拓宽主干道，全力破解从附近的九龙大道到迳下村"华山一条路"的窘境；积极打造3条经典环线，同步开展生态步道建设，进一步优化路线，打造亲近自然的生态栈道空间，提升群众的体验感。

　　按照《广州市黄埔区龙湖街道迳下村村庄规划修编（2023-

道路系统布局："三横一纵"骨架，加强与周边交通干线的衔接

打通三横：打通新九快速路西侧美玉一路、智能一路、知识大道三条城市主干路，增加东西两片的连通性
新增一纵：新增南北向规划次干路，串联村内道路，满足内部交通需求
优化支路：优化现有支路，拓宽竹山路现状道路，新增多条村道，增大路网密度

错落有致的道路串联起静美乡土

2035 年）》，迳下村对道路建设有着通盘布局。

首先，要实现道路系统布局，"三横一纵"骨架，加强与周边交通干线的衔接。打通三横，打通新九快速路西侧美玉一路、智能一路、知识大道三条城市主干路，增加东西两片的连通性；新增一纵，新增南北向规划次干路，串联村内道路，满足内部交通需求；优化支路，优化现有支路，拓宽竹山路现状道路，新增多条村道，增大路网密度。

其次，打造外部快速通达、内部悠闲畅通的路网格局。村庄内的道路充分考虑消防车的通行需求，现状已建和规划新建的各类道路均大于 4 米。村居外围集中设置公共停车场，解决外来车辆停放问题，内部以慢行游径为主。依山就势构建村庄内部步行和骑行的慢游系统。集中布局公共服务设施，共规划综合服务站等 11 处公共服务设施，社会停车场等 34 处市政公用设施。

如今，竹山路沿线景观绿化水平大幅提升，草帽广场、竹亭凉舍休闲驿站、观渔港、椰树公园等休闲观光点成为一张特色农文旅品牌，逐渐成为网红打卡点，这与道路建设密不可分：截至 2024 年 5 月，村里完成竹山路与改革大道交会路口道路 1600 平方米的修复，竹山路道路沿线清理杂草、平整土地及绿化种植面积约 58500 平方米，道路设施进一步改善，打造形成生态廊道。3 条生态步道建设已完成，并基本连通平岗河段、纳米研学基地周边、2500 米人行步道等节点建设均已完成，迳下精品游览路线成型。

针对九龙大道竹山路路口至迳下村"三线"线路不规整、存在安全隐患等情况，龙湖街道对征地拆迁、三线下地、景观打造、绿化美化、功能布局等进行再深化再落实。我们强化联动，保持信息互通，分类分步推进九龙大道竹山路路口至迳下村的"三线"整治，对"三线"整治需要用地的相关地块加强协调与交地。

截至 2024 年 6 月，我们已完成何棠下村口段低压通信线的切割，并完成废旧线缆清除与线路下地。已安排施工单位，完成九龙大道何棠下村口沿竹山路直至迳下村口全线约 3.8 公里的管廊埋设，有关运营商已核查全部管道的连通性，并配合完成下线，进一步消除了安全隐患。

第四节 一楼两中心三馆

提升公共服务水平，是迳下改造发展的核心评价指标之一。它其实是由三个环节构成，包括公共服务基础设施建设、公共服务进入市场以及公共服务被有效利用。

按照规划，迳下将兴建一批公共服务基础设施，其中的重头戏是"一楼两中心三馆"建设。它不仅呼应了迳下村民当前的痛点，也体现了我们对迳下未来路径的思考。它包括建设一个立体停车楼，合理布局、统筹缩减片区停车场数量；建设一个党群服务中心、一个游客服务中心；建设一个体育馆（与太极馆合一）、一个国医馆（与卫生站合一）、一个文化馆（由博物馆、图书馆、展馆三馆合一构成）。

我们参考先行地区的经验，引导有志于参与乡村振兴、且有服务能力的企业、社会组织参与迳下建设。我们与东方文旅合作，推动迳下景区建设；寻求与新加坡悦榕集团合作，打造特色小镇。企业在市场化运作的同时，客观上提供了公共服务，提升了片

曲直——文化馆
扎根文化，孕育发展

从革——国医馆
以人为本，刚柔并济

区公共服务的水平。

公共服务的一个关键指标是高效利用，让服务内容"可用"、服务成本"可负担"、服务质量"可接受"，在创新驱动和公共服务高质量供给中引领和创造新需求。迳下的公共服务不仅要面向村民，还要面向附近区域，能把城里人都吸引进来用。立足村庄，超越村庄，实现村民与市民的双向奔赴。

附：美丽中国建设的黄埔样本

黄埔区作为全国首批产城融合示范区，也是广州全市工业产业发展的主力军，具有自身特色和使命担当，需在全域土地综合整治中探索产城融合地区国土空间治理新路子，彰显"黄埔特色"，响应"黄埔速度"，打造"黄埔样本"。

2024年1月13日，"黄埔区新型建筑工业化示范项目和配售型保障性住房动工暨全域土地综合整治启动活动"在中新知识城举行，会议提出搭建全域土地综合整治多方共商共赢平台，助力广州市黄埔区"百千万工程"落地实施。

在这次会议上，黄埔区对外宣布，将通过加快建立规划引领体系、精品整治项目库、实施保障机制"三个一"全域土地综合整治体系，以农用地整理打造一批集中连片的高标准农田，以建设用地整理打造一批集约节约的高价值园区，以乡村风貌提升打造一批宜业宜居的高品质社区，以生态修复保护打造一批配套完善的高颜值公园。具体而言，要通过"量身定制""因地制宜"，以"产业集聚"为目标，"良田成片"为原则，"村庄集中"为导向，"生态优美"为愿景，破解耕地碎片化严重、产业发展空间不足等资源约束和空间治理难题，聚焦全域发展新格局。

黄埔区依托长岭、九佛、龙湖、新龙等耕地集中地区，统筹腾挪全区零散耕地，未来将整合形成1.8万亩的耕地集中整治区，4500亩的永久基本农田储备区，打造2100亩集中连片的高标准农田，"让良田回归粮田"。

整体规划，建设宜居宜业的美丽乡村。统一谋划，集中布局农村建设用地，释放建设用地潜力；统一设计，形成风貌良好、美好人居的宜居乡村；统一运营，建立乡村资源与市场利益联结机制，实现收益共享，探

索乡村永续发展路径。

　　筑巢引凤，培育科创集聚的产业沃土。统筹布局，预留连片的产业发展空间；完善配套，满足高端科创人才生活需求；产村融合，探索"以村促产、以产兴村"新路径。

　　蓝绿织补，守护休闲健康的山水碧带。生态优先，融入区域生态廊道，打造人文生境；理水育林，以保护促发展，探索生态产品价值转化路径；精准适配，激发片区创新活力，促进宜居宜业宜游。

很快，广州开发区、黄埔区就出台促进乡村振兴高质量发展若干措施，每年财政投入5000多万元发展现代农业，创新用地保障，壮大乡村产业，提升乡村治理，着力打造宜居宜业和美乡村，助力"百千万工程"落实落地。在探索全域土地综合整治方面，黄埔将加快建立规划引领体系，构建土地整治专项资金超过1110亿元的资金蓄水池，建立一批实施项目库，有效破解高质量发展中面临的耕地碎片化严重、连片发展空间不足等资源约束和空间治理难题，形成良田成片、村庄集中、产业集聚、生态优美、城乡融合的土地保护利用新格局。

黄埔区紧扣发展主旋律，项目引领，实施导向，实行整治项目清单化管理，远近结合。到2025年，全域土地综合整治项目稳步推进并实现明显成效。实施农用地整理2500亩，其中新增耕地2000亩，整理区域内耕地连片度明显提升；建设用地整理1000亩，生态保护修复13000亩。到2027年，全区国土空间要素保障能力提高，有效支撑实体经济发展。实施农用地整理 4000 亩，整理区域内耕地连片度显著提升；建设用地整理 1900 亩，生态保护修复 39000 亩。引进多个具备新质生产力的科创企业，以田园科创总部、颠覆性技术创新中心等为先导，打造科技引擎。

尤为引人注意的是，黄埔区明确要推出一批示范性亮点性的精品工程，以迳下乡村旅游景区农文旅综合开发为示范项目，在全区探索迳下"未来乡村"典型实施路径。

第五节　蓝绿交织新乐章

迳下村拥有山水林田湖多种生态元素，生态系统良好。我们去过不少网红特色小镇，有的有山缺水，有的有水缺山，形态并不多元。每念及此，我都对迳下的发展多了一份信心。

我们提出全域打造生态景观的思路，并以此为依据改造山相林相，打通水系，变田为景。

"山"和"林"耐看。我们规划实施林相改造提升，总面积约 540 亩。粗看都是岭南的郁郁葱葱，但如果你细看迳下的山林，会发现一种别样的美，好看耐看。我们在林地主要种植马占

从迳下遥望知识塔

相思、桉树、马尾松、米老排、山乌桕、鹅掌柴等，增加了植被
丰富性，郁闭度保持在 0.6 ～ 0.7。对重要景观区域进行精细化清
杂抚育和补植套种，对道路两旁进行改造，补植乡土景观树种及
珍贵树种。

"水"映"湖"生辉。知识城迳下水系连通一期工程已经完
工，我们建造了面积 31 公顷，总调蓄水量约 104 万立方米的调蓄
区，形成海绵湿地景观，同步实施滨水绿化美化行动，推动提升

两岸村庄道路绿化美化水平。

　　"田"里有料有景。我们以规整化、宜机化、绿色化、智慧化为核心目标，对原有高标准农田进行深化改造。在保持农田基础设施完善的基础上，进一步优化田间道路和灌排系统，提升灌溉水利用系数和田间机耕路通达率，为农业生产提供更加稳定的环境。通过小田并大田、设立土壤墒情检测点、增施有机肥等措施，全面改善土壤环境质量，优化农作物种植结构，进一步提高土地利用效益，为农业可持续发展奠定坚实基础。最为特别的是，我们要求对田地按照规划规范种植，种出亮丽的美景，让成片的良田"好吃又好看"。

水系打通工程的缘起，是一次不走寻常路的徒步探索。2021年我回到龙湖任职，马上去迳下探访。当时迳下田园已经做过景观打造，朝外的房屋也经过"穿衣戴帽"，网红气质初显。过了村委往左一转，一幕多年前熟悉的景色映入眼帘。

原来在迳下和后山之间，星罗棋布着几十口鱼塘。白鹭矗立岸边静待"偷食"，塘间小路被一人多高的苇子遮掩，连远处养鱼人的破屋都是原汁原味，仿佛一片未被打扰过的世外桃源。我忍不住欣喜和激动，一头扎进去，用脚步丈量这片风水宝地，一直从后山绕出来。

迳下的水库、鱼塘与自然溪流、人工灌渠本来就是有机相连的，形成贯穿农田与村庄的水系，一定要把它们保护好。经过汇报和规划、与水利部门同志的讨论，迳下水系连通一期工程东部调蓄湖于2022年正式动工。2023年12月通水后，水面面积不断扩大。2024年8月，一期工程完工。既造了景观，又编织出迳下水系的大网，一举两得。这片宝地终于没有被埋没，而是焕发出耀眼的光彩。沿着知识城平岗河—迳下水系碧带，迳下村正在打造"水在城中、城在水边、水润迳下"的水城融合生态示范区。

碧玉般的湖山美景，是由一片散乱鱼塘改造而来

如果村东头深邃的水响水库是龙头，宽阔的平岗河则是龙尾。龙身蜿蜒穿过迳下，时隐时现，充满灵动之美。

如今，迳下水系贯通工程二期正在加快推进，将实现与水响水库排洪渠连通，打造生态水上乐园。此外，我们还对竹山路迳下院士谷至水响水库沿线林地进行改造，打造一条多彩林示范段经典线路。在迳下水系连通区域进行景观优化，形成季相明显的森林景观，打造蓝绿交织、显山露水的高品质生态环境。

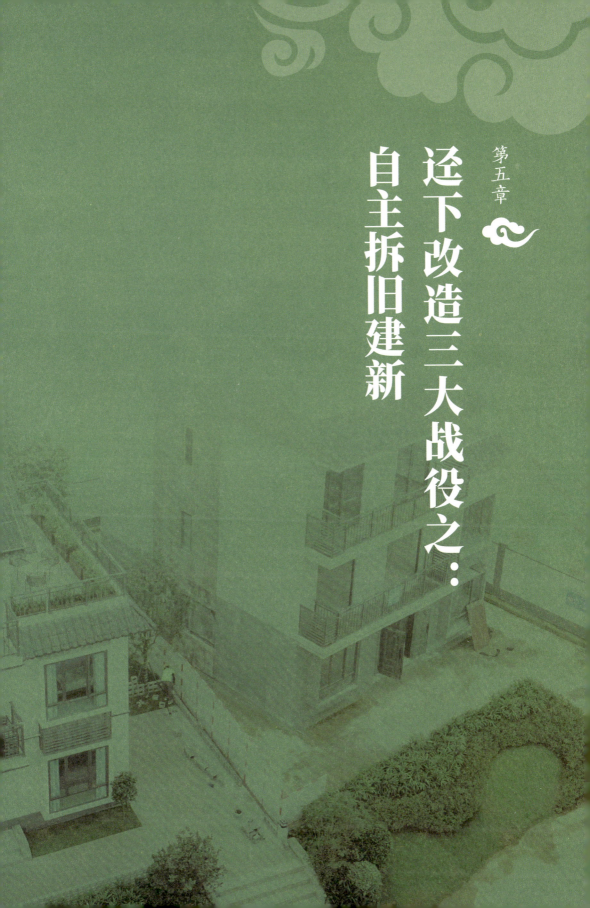

第五章

迳下改造三大战役之一:
自主拆旧建新

　　我们确立了村居建设的"自主拆旧建新"模式，即从过去政府主导的征拆模式和开发商主导的旧改模式，变为"政府指导、村集体主导、村民自主"，拆迁和建设同步进行。我们坚持"一户一宅"原则，不新增宅基地总面积；解决农村宅基地历史遗留问题，为新建住房确权；引入央企，推行模块化建房。

第一节　穿衣戴帽 VS 拆旧建新

　　房子，总是触动着中国人最敏感的神经，孝老爱幼、生老病死……无一不和房子联系在一起。对广大村民来说，房子更是无比重要的存在。一位迳下的老人告诉我们，以前家里穷，但为了让儿子能娶到老婆，他就一点点分步盖，今年起一层，明年再起一层，后年再做装修，大后年再添置家具。旧屋积累了全家人太多的辛劳和情感。

　　梳理下来，迳下原有房屋主要建于三个时期。一是少部分20 世纪六七十年代建的土坯房，这里面大部分已经不再住人，但因各种原因没有拆建。二是 20 世纪 90 年代所建设的水泥板楼，数量最多，其中村内最大的建筑村委大楼就是 20 世纪 80 年代由白云区萧岗村出资援建。三是这十几年来突击抢建的板房。现在的迳下村居主要是采用砖混加预制板结构，屋内水泥地面，墙上涂白灰。有些村民为了省钱连地基也不舍得挖，直接垒土。

右边"穿衣戴帽"后的房屋外墙，也开始出现掉色和霉变

    2000 年以后，人地矛盾愈加突出，私自抢建和政府强力打击相互角力，有些村民为了经济利益，四、五层的房子能在一周之内盖好，其质量可想而知。在迳下可以看到不少没有入住的砖瓦框架楼，没门没窗，大多是为占坑建的。

    2020 年启动的迳下特色精品村一期工程，通过对主干道两侧、一线景观位 97 栋房屋进行"穿衣戴帽"，让村容村貌有了很大的提升，也促进了乡村旅游业的发展。但仅仅是"穿衣戴帽"，房屋采光通风条件仍较差，布局还是比较杂乱，使用功能存在缺陷，有较大的安全隐患，未能从根本上改善村庄面貌，与新时代乡村的未来发展、定位不相匹配。

一是背街小巷杂乱无章。背街小巷的 206 栋房屋没有"穿衣戴帽"，另有 1.8 万平方米老旧危房没有清拆，污水管网建设、"三线"整治等还不到位，村庄内里环境依然逼仄，居住出行有诸多不便。很多游客说，迳下只能"浅浅地走一下，不能深度游"。

二是全面整治成本高。根据测算，把迳下剩下 206 栋房屋进行"穿衣戴帽"，并对污水管网、"三线"整治改造，约需要投入 2 亿元。此外，由于本地日照强、雨水多等气候特点，一期进行"穿衣戴帽"的房屋已经开始掉色、霉变，预计此类房屋三年到五年就要进行翻新，持续投入的成本很大。

经过对比分析，我们心里有了底。要想实现迳下整体提质跃升，拆旧建新是最优的选择。

第二节　自主拆建，我们成了开发商

拆旧建新的路子定了。接下来没想到的是，我们给自己找了个大麻烦。

以往旧村拆除，主要是基于两种模式。一是征地拆迁，就是政府把村里的集体土地征收了，统一建设安置小区给村民住。二是旧改，村集体和开发商合作，拆旧村腾土地建楼盘，村民得到回迁房，开发商靠出售多余的商品房回本赚钱。

政府征拆安置是比较传统的方式，村民的利益是有保障的。但安置条件比较固定，就是按照人口和面积折算安置面积。龙湖街辖内有不少安置小区，位置、质量和管理都不错。城市更新下的旧村改造，村民的谈判空间更大，可以和开发商要好的回迁位置，并且保证优先回迁，小区管理和商业配套比安置小区更胜一筹，成为村民目前的优选项。

以上两种方式，我们都有成熟的经验，但迳下的情况却两条路都走不了。当年就没有开发商来迳下合作旧改，现在房地产行业发生变化，更没有人愿意来。如果走政府征拆安置的路，村民都去了安置区，那迳下除了一个地名留下，人和精气神已经不复存在了，背离了我们的初衷。

想来想去，我们只能扛起大旗，自主拆旧建新。就是由村委作为主体，拆旧房、建新屋、修道路、配设施。这个过程中，要学习规划，商讨策略，找人找钱，报批，监督，运营，管理……没有先例可循，只能一步步摸索。村集体肯定招架不住，压力还是到了街道。就这样，我们把自己搞成了迳下的"开发商"。

先后担任过黄埔区几个街道的负责人，我经手的旧改项目四五十个，自认为对这个领域都熟悉。不仅是区里的标兵，还曾受邀到中山大学讲授城市更新一线经验。对于开发商，也能拿捏分寸和火候，"逼"他们把真金白银投入项目，不断跑出拆旧建新加速度。可现在角色变了，我的角色成了"开发商"，不仅要做村民工作，还要到处找人，找钱，要政策，设身处地体会了一把项目开发的不易。

箭在弦上，不得不发。龙湖街和迳下村委的一班同志，本着对迳下负责，对村民负责的精神，承载着上级领导的支持和期待，勇敢出发了。

第三节　不能漏掉一个困难群众

钩机一开，问题全来。对于可能遇到的问题，我早有思想准备。首先要做的，就是把拆旧建新的规则定细，定全面，定扎实，做到公平公正，合理合法。

由于复杂历史原因，迳下村普遍存在"一户多宅"、面积超标、村民自建房未取得确权等农村宅基地历史遗留问题。迳下村的拆旧建新工作，在多占宅基地收回、新增宅基地审批落地、农村宅基地自愿有偿收回转化、有房屋的原籍村民宅基地保障、兜底住房保障等多方面建立起全链条的农村宅基地保障体系，为农村宅基地规范管理探索路径。

落实"一户一宅"原则。"自主拆旧建新"模式严格遵照广州市关于"一户一宅"的分户原则进行，保证在宅基地总面积不增加的情况下，根据现有建筑基底面积总和及户内人口情况统筹整村新农房建设数量。"房多人少"的按人数落实"一户一宅"，"房少人多"的按现状房屋占地面积，结合户内人数核定新建基底面积。方案合理分配土地资源，避免浪费，从而确保村内每一户农村家庭都能拥有适宜的居住条件，保障每一户村民的住房权益。

不愿接受自主拆旧建新的村民怎么办？我们提供了政府征地拆迁方案作为备选，即依据人口和原址房屋面积进行安置。本村村民依据实际房屋面积进行安置，每户不超过240平方米；户籍不在本村的原本村村民，按实际房屋面积进行安置，每户不超过240平方米；户籍不在本村的非本村村民，最多安置120平方米。征地拆迁主要依据是否成年和实测房屋面积作为分户和补偿标准，若按该模式推进，预计可分户数约350户，远超拆旧建新模式可分282户的数量，若村民的实测房屋面积充足，则需安置和补偿的面积远多于拆旧建新模式。

房屋确权。我们对村民郑重承诺，对新建的新型农房一律予以确权，为新农房建设扫清政策法规障碍，进一步厘清了村庄规划，解决了宅基地长期未确权、村民自主建设难乱差、违建等问题，有效提升违法建设治理效能，并在一定程度上有效消除在经济高速发展之下产生的人地矛盾。

保障整村户有所居。那些经济条件差，原来房子少的村民怎么办？遵循"建筑占地面积村内平衡"原则和"一宅一户"标准，我们提供户均占地面积 60 平方米的小型联排住房，建房资金由村民个人承担，来源可以是拆旧补偿款。

如果有村民的拆旧补偿款不够，确实拿不出钱来怎么办？我们参照征地拆迁模式的兜底条款，由村集体出资建造、按人均 40 平方米建筑面积标准分配公寓式保障型住房。经过精密设计，泾下农村住房提质升级改造真正做到"不漏一户"，切实托起住房困难村民的安居梦。

探索宅基地自愿有偿退出。如果有村民家庭人少宅基地多，造成闲置怎么办？我们摸索出自愿有偿退出机制，村民可在两种方式中灵活选择。其一是完全退出宅基地使用权，由国有企业在村集体主导下，在尊重村民意愿的基础上以支付宅基地使用权流转款的形式，有偿收回村民宅基地使用权，做统一的规划、建设、招商等流程。其二是让渡一定期限的宅基地使用权，以引入有意愿、有资金、有实力的企业投入资金取得 40 年经营使用权，到期后村民收回使用权，以解决部分村民建房资金不足的问题。

通过宅基地使用权的有偿流转，一方面可以盘活宅基地资源，凸显宅基地财产权价值，切实增加村民的财产性收入。另一方面，通过流转使用权，方便国企和村集体经济组织整合闲置宅基地资源、盘活利用新农房，采取自营、出租、合作等方式发展旅游、餐饮、民宿等项目。

集体建设用地也能入市

党的二十届三中全会通过的《中共中央关于进一步全面深化改革、推进中国式现代化的决定》对深化土地制度改革做出规定，明确"允许农户合法拥有的住房通过出租、入股、合作等方式盘活利用"。

在迳下，我们通过集体建设用地入市破局。以往村里的建设用地虽然归村集体所有，但管理制度跟不上，所有权和经营权不分，严重制约了价值发挥。我们把所有权和经营权分离，村集体保留所有权，出让经营权，都给办证。将来村集体建设用地和国有土地一样，也有抵押融资能力，真正成为一种资产。迳下拥有3万多平方米的集体建设用地，虽不如广州市的老牌城中村价值高，但通过我们的制度创新，一样能大大提升村集体的营收能力。

第四节　全程参与，让群众吃下"定心丸"

规划设计有专家，拆建有工程队伍，迳下改造最难的，其实是做通群众工作。区别于政府主导的征拆模式和开发商主导的旧改模式，迳下自主拆旧建新模式是"政府指导、村集体主导、村民自主"。如何赢得群众支持，把好事办好办顺，考验着干部们的群众工作水平。

为了让村民们充分了解和理解自主拆旧建新的政策和做法，项目初期街道通过召开多轮座谈会、研讨会、一对一沟通交流等多种形式，把迳下村民请到村庄规划的修编制订中来。修编完成后，广州市城市规划勘测设计研究院和村委先后经过征询意见公示、村民代表大会表决等，然后才进行专家评审、征询区职能局意见、报送区规委会。

改造是大事，村民有疑虑是正常的。汇总下来，大家的疑虑主要集中在项目会不会烂尾，自己家会不会吃亏，自己家庭内部怎么分配等问题上。前两个问题，我们依托政府公信力，推出公正全面、严谨细致的方案，基本上解决了群众心中的疑惑。

很多工作有个二八原则，即再好的计划都有 20% 的人反对。为减少阻力，街道和村委两级干部做了大量细致的动员、讲解和说服工作。迳下的村干部以身作则，带头拥护自主拆旧建新方案，先拆自家旧物，再动员身边亲戚。村委会大楼也在项目开始时率先拆除，表达了拆旧建新的坚定决心。

遵循先易后难的原则，村干部优先动员有一定意向的村民，消除他们的疑虑，以部分村民的先拆先建示范带动其他村民参与。全面攻坚阶段，对于参与自主拆旧建新意愿不强的村民，做到逐户宣传动员，多与村民沟通，不遗漏一户。全体三委干部细化分工，分工到人，确保动员工作落到实处。

我们充分考虑不同村民的经济状况，针对部分村民建房资金不足、无法建房的困难，村委引进第三方企业"合作建房"，通过让渡房屋部分使用权，由企业统一进行招商运营，实现村民不掏一分钱即可建设新房。

不知道新房长啥样？马上安排来现场参观。建设单位配合我们加班加点建成了首开区样板房，让村民对建房效果有直观感受。对于村民提出的问题和需求，建设单位也记录优化。参观时没想到的问题，过两天又想到了怎么办？可以随时反馈给村委，村委再集中与建设单位沟通。村干部甚至直接将村民与建设单位拉群，大家直接在群内畅所欲言。

在自主拆旧建新前期，政府发挥统筹规划引导作用	
1	投入财政资金修编村庄规划，为片区做好电网、燃气网、道路网等公共服务配套的优化提升，完善农用地转建设用地手续

续表

2	调集精干力量研究政策法规，制定《迳下村自主拆旧建新实施方案》等重要文件
3	为村民建房主动引入建筑业央企和相关区属国企，从造价、建设方案、绿色低碳、运营维护等全生命周期策划推动新型农房建设

住房事关幸福生活，新事物引发群众疑问也是正常的。村委、建设单位以极大的耐心和细心回答群众的疑问。在干部群众的共同努力下，截至 2024 年底，全村拆旧建新项目涉及 119 户（预估建新分户 282 户），需拆除一类房屋 366 栋，已签约 108 户（含 3 分户），占总户数 90.76%，涉及新建房屋 256 栋（建筑基底面积 100 平方米、120 平方米、150 平方米的分别为 198 栋、47 栋、11 栋），新农房建设房屋主体（一、二期）完成 53 栋。

那么大家所期待的，究竟是什么样的房子呢？

迳下村自主拆旧建新步骤

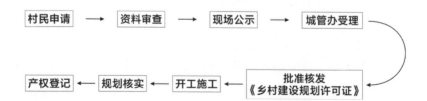

村民申请 → 资料审查 → 现场公示 → 城管办受理 → 批准核发《乡村建设规划许可证》 → 开工施工 → 规划核实 → 产权登记

第五节　与众不同的迳下别墅

青瓦白墙，简约优雅，窗明几净，落落大方。虽然是3层别墅，但没有一点土豪暴发户的气息。2024年4月，未来乡村新型建筑工业化示范项目——广州市黄埔区迳下未来乡村新型农宅样板房竣工。从设计图纸，到看得见摸得着的房子，我暗自松了一口气，心想这应该就是我们想要的房子了。

进入房间的感觉很好。客厅空间足够大，格局方正，电视、沙发、餐桌可以错落有致地摆放。阳光从四周的大窗子照射进来，让人心情舒畅。以往农家楼房，台阶要么窄小，要么过于宽大。迳下别墅的楼梯，则给人一种恰到好处的感觉。二楼和三楼的卧室数量够多，适合农村大家庭的需要。开放式的阳台和卧室落地窗，把如画的风光捧到主人面前。这样的房子无论是自己住，还是作为民宿房租，都能完全满足需求。

房屋采用新型工业化技术建造，嵌入"集成家居""全屋智能"和"光储直柔"等系统，是集成智慧科技、安全耐久、绿色低碳的新型农房。来参观过的同事朋友们开玩笑说，看了这个房子，真后悔不能来迳下当农民。

市领导察看了新型农房建设情况后也很满意，提出要以新型建筑工业化促进建筑业高质量发展、建设好房子。要以发展装配式建筑为抓手，全面提升广州市新型建筑工业化发展水平，推动建造方式绿色低碳转型，更好服务构建新发展格局、推动高质量发展。

迳下村未来乡村新型农宅的建设，不仅是对农村居住环境的一次革命性提升，更是对传统农居的一次深刻革新。这些房子不仅外观美观，内在也十分"智慧"，可以说超过了中国城市大部分的房屋水平。

安得广厦千万间。迳下村的未来乡村新型农宅能让农民住上"洋楼"。
图为该项目的样板房之一

产品方案设计——硬装效果图——三层主卧、起居室

产品方案设计——硬装效果图——厨房、卫生间

亮点一：像造汽车一样造别墅

1962 年，建筑学家梁思成在《人民日报》发表署名文章《从拖泥带水到干净利索》，他呼唤尽可能早日实现建筑工业化，提出"设计标准化，构件预制工厂化，施工机械化"的理想。迳下的房子就是按照该标准建造的。

迳下村与中建科技集团华南有限公司合作，由中建科技统一设计建设新型农房，实现建设模式的全面升级。他们是在远方的工厂制造的，这些工厂犹如汽车生产车间，标准化地完成建筑围护、机电管线、内部装修三大系统的房屋模块制造，再运输到施工现场。房屋免支撑、免模板、免绑钢筋，只需灌浆锚固组装，一栋安全耐久的模块化新型农宅就建成了。新型农宅可节省工期 50%，减少人工 60%，减少建筑垃圾排放 70%，真正实现了像造汽车一样造房子。

新房新模式，不仅让村民回迁大大加快，也起到很好的示范引领作用。未来政府主导的保障性住房、学校等都可以采用模块化建造方式。看了迳下的新农宅，黄埔区的同志摩拳擦掌，立志依托迳下这个样板，做强做大新型建筑工业化产业链，打造建筑行业的特色产业集群。

针对居民对新型农宅的多样化需求，项目建设单位中建科技自主研发了"装配式装修菜单"。结合村里广府、客家等文化习

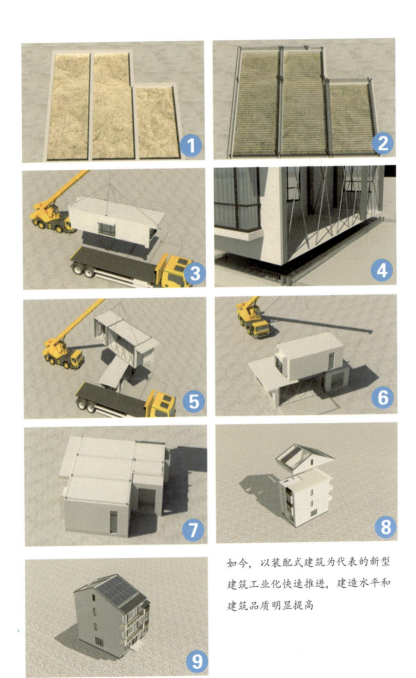

如今，以装配式建筑为代表的新型
建筑工业化快速推进，建造水平和
建筑品质明显提高

俗，根据 100 平方米、120 平方米和 150 平方米三种基地面积分别设计了标准户型，居民可根据自住、经营、租赁等个性化需求，针对外立面、内装和设施自行选配装修菜单。

装配式装修全部在智能工厂完成，相对于传统的工地装修方式，可大幅节约建材，有效降低装修过程中产生的噪声、扬尘等环境污染，还便于房屋的日常维保和更新。装配式装修的管线与结构分离技术，可确保建筑主体结构更加安全，延长建筑主体结构寿命。

从村民自己找施工队建设，到统一请中建这样的央企设计建设，新型农宅建设更加规范有序，不仅提升了乡村整体风貌，也方便了基础设施的配套与完善。专业化的建筑团队带来了更高品质的建筑质量和更合理的空间布局，满足了村民对美好生活的向往。

附：REMPC 模式

中建科技对新型农宅项目设计、采购、建造全过程负责，通过 REMPC 模式（科研＋设计＋制造＋采购＋施工），以"三个一体化"（建筑、结构、机电、装修一体化，设计、加工、装配一体化，技术、管理、市场一体化）为抓手，对最终的建筑产品全面负责，将传统建造模式割裂的设计、生产、施工等单位构建为利益共同体，实现整体效益最大化。

这样做有几个好处：一是在房屋质量上，统一采取MIC（模块化集成建筑）模块化建造，在智能工厂生产装配式模块，运输到工地后免支撑、免模板、免绑钢筋，只需灌浆锚固组装，实现"像造汽车一样造房子"，破解农村自建房施工水平参差不齐、建筑材料不过关等问题，有效提升建筑工程质量和房屋安全水平。二是在监督管理上，生产建造过程中只有产业工人，没有层层转包、只有产业链，没有无序现场施工、只有规范有序生产，在后续房屋维护管养上还有保质期，大幅降低了管理难度和成本。三是在建造回迁周期上，房屋单体建造周期3个月，其中工厂生产2个月，现场安装1个月，较传统模式节省工期50%以上。

亮点二：智能家居

除了居住空间和硬件保障，更便捷、更智能、更人性化的"软装"也能明显提升幸福感。走进新型农宅，全屋共有智能安

岭南传统建筑风貌内，是现代化的能源集约设计。新农房不仅外观美，而且节能省电

防、照明、家电、影音娱乐等25个智能化设备，80个智能化点位，可以根据居住者的具体生活需求调度整个家居环境，科技感满满。

当你解锁智能门锁走进房间时，控制面板自动启动回家模式，自动调节室内灯光照明、智能家电、窗帘等家居设备的启动状态。厨房配置智慧水浸检测、燃气检测和烟雾检测；卫生间配置一键SOS求助、红外人体移动光照传感器。新农房全屋搭配华为鸿蒙智能家居管理软件，提供"标配、中配、高配、顶配"四个等级的智能套餐，由村民灵活选配，满足各户对智能家居的个性化需求。

亮点三：超低能耗

这么大间别墅，要费多少电呀！来样板房参观的村民不由得内心打鼓。他们不知道的是，新农房不仅省电，还能节能、创收呢。

我们借鉴岭南传统建筑的风貌，在南北外窗采用透光率高、传热系数低的节能窗，房檐采用外挑遮阳房檐，结合智能遮阳窗帘以及平坡结合的双层屋面，在确保室内环境舒适宜居的同时，也降低了建筑能耗。

由恒运集团与中建科技合作投资，在新农房采用"光储直柔"新能源系统和被动式建筑节能技术，实现了建筑的超低能耗。一方面，在建筑屋顶铺设光伏，将屋顶变为发电设施，给电动汽车供电；另一方面，将电动汽车电池作为储能系统，用电动车的富余电能再向建筑供电，剩下的富余电力入网销售，预计15年可收回成本。

根据测算，迳下整村屋顶光伏装机容量预计为4382千峰瓦（光伏发电功率单位），每户平均15.5千峰瓦，300平方米的新型农宅月均发电可达870千瓦时，每年清洁电力发电量约424.7

万度。

由黄埔区供电局投资 2500 万元建设的"花瓣型"配电网，供电可靠率达 99.999% 以上，实现新农房"零电费、零能耗、零停电"。

目前迳下村正积极申报全国第一批零碳示范村。我们以正在推进的屋顶光伏和综合能源中心为核心，以零碳运行中心为底座，聚焦建筑、交通、水务、固废利用和林地五方面，打造完整零碳村架构，形成岭南地区的零碳乡村技术标准，为广东零碳建设摸石探路。

第六节 精打细算"三本账"

新房虽好，钱从哪里来？

这个问题虽然放到最后来写，但从一开始就是我们一直研究的问题。我们和村民代表开会，和中建科技开会，一起细化各项成本，村民算经济账，企业算长远账，政府算社会账，最后按照"村民自筹为主，企业降一点，政府奖补一点"的方式，基本达成一致。

从中建科技核算的具体成本来看，毛坯房成本包括 7 大项、13 小项，主要包括地基基础工程 75.8 元 / 平方米，主体工程 1571.5 元 / 平方米，围护工程 329.2 元 / 平方米，机电工程、内

装工程、智能化、光伏预留等 124.3 元 / 平方米，总计 2100.8 元 /
平方米，整村拆旧建新造价 1.64 亿元。

我们鼓励企业算好"长远账"。虽然在迳下新农房建设中，
中建科技基本上"不赚钱赚吆喝"，但新产业、新模式的起步总
是需要一定的发展成本，如果实现规模化、标准化生产建设，形
成了较为完善的上下游、供应链，建设成本将不断降低。同时，
企业也可以通过承包片区全域土地综合整治项目、与村民合作开
发运营、后期房屋管养维护等方式，形成长效经营机制、最终实
现盈利。

我们引导村民算好"小家"账。采用装配式技术建设农房，可以在有限增加建设成本的情况下，大幅度降低维护成本，提升商业化经营的潜力和价值，有效提升群众获得感和幸福感。

我们采取多种方式降低村民负担。一是政府补贴。新农房造价比传统村民自建房成本高 500 元左右。对此，迳下村按照 500 元／平方米奖励拆旧建新，做到不增加村民成本。二是提供菜单化装修服务。如上所说，为村民提供一份可选配房屋产品指导手册，设计了标配、中配、高配、顶配 4 种装修标准，由村民灵活选配，满足各户对庭院、内装、智能家居的个性化使用需要。

政府算好基层治理的社会账。新型农房建设解决了传统自建房模式下的管理成本、社会成本外溢问题，从管好包工头到管好装配式建筑企业，从管好个体临小工程到管好装配式安装现场，从提升乡村工匠业务水平到提升工厂生产标准，各方面都从散乱走向规模、从无序走向标准，从源头上减轻了政府投入和管理压力。同时，发展新型建筑工业化有利于形成新的经济增长点。

第六章

迳下改造三大战役之：产业导入

产业凋敝，人口外流，我们把这种村叫作空心村。迳下的环境改善了，但如果没有好的产业进来，村民就没有就业机会，依然会导致人口外流。在项目早期编制规划的时候，我们就把产业导入作为谋划的重点，立志把新质生产力引入迳下，并以此作为改造成功与否的核心衡量标准之一。

第一节　农业生产"一鱼三吃"

迳下的定位是新型乡村，必须姓农、立农、兴农，如何发展农业是绕不过去的话题。传统农业放在迳下这种七山两水一分田的地方肯定走不通。迳下得天独厚之处是位于粤港澳大湾区的"湾顶"位置，必须搞都市农业。

都市农业是指地处都市及其延伸地带，紧密依托并服务于都市的农业。它以生态绿色农业、观光休闲农业、高科技现代农业为标志，以农业高科技武装的园艺化、设施化、工厂化生产为主要手段，以大都市市场需求为导向，融生产性、生活性和生态性为一体，高质高效和可持续发展相结合的现代农业。

都市农业有个前提条件，就是所在都市圈的人均 GDP 达到2000～3000美元。2023 年广州人均 GDP 是 22989 美元，不仅完全符合，还大大超过，给迳下发展都市农业提供了得天独厚的外部条件。

我们对迳下农业的规划是"一鱼三吃"，即农产品生产，旅游景观打造和农业科技创新。迳下村为丘陵地貌，有水库、山塘和鱼塘，水系发达，林木资源丰富，构建现代农业产业体系既有基础，也有需求。位于迳下和何棠下两村之间的龙湖街现代农业产业基地，就在做着这方面的探索，并且卓有成效。

基地总占地 300 亩，包含了温室大棚、播种育苗系统、营养液系统、包装、预冷库等配套设施，种有生态六零米、富硒水稻、富硒花生水培蔬菜、阳光玫瑰葡萄、牛奶草莓、黄金百香果、红心火龙果等农产品。

迳下植物工厂项目占地 29 亩，其中示范性植物工厂即温室主车间占地约 3104 平方米。植物工厂采用国际先进的育苗、生产种植技术，生产种植的蔬菜具有"绿色、无公害、营养、健康"的特性。

作为目前国内领先的太阳光和人工光结合型植物工厂，迳下植物工厂年产蔬菜 8 万公斤左右，为消费者提供无农药、无激素、非转基因的绿色蔬菜。厂区利用覆盖薄膜对太阳光实施高精度控制，用数字化管理模式对植物生长的温度、湿度、光照、二氧化碳浓度和营养液等进行自动控制，为蔬菜生长提供最优的环境条件。生产全程实行精细化管理，卫生安全达到食品加工厂的标准，保质保量地为人民群众提供"产地直达餐桌"的新鲜、安

迳下收获季

全、美味的即食蔬菜。

迳下纳米农业主题公园是广州中心六区的首个千人级的研学实践教育基地。具备良好的乡村振兴环境肌理，农耕、山林、科技、户外、水域等要素齐全，打造了户外草坪、稻田种植、现代

农业、航空、马术、自然探索体验等项目，能同时满足 2000 人左右进行一天研学实践活动。

田园探学通过跨学科实践形式，形成"稻谷"一二三产业融合课程化项目式教学，从观察、了解、歌唱、运动、设计、制作、创作多维度，融合语文、美术、数学、科学、音乐学科知识，让学生了解从整地、种植、稻谷到白米经历的全过程，体会水稻成长的周期变化，进而懂得珍惜资源，尊重农村传统与文化。

第二节 "有风的迳下"留住游客

"有风的迳下"，是我们请东方文旅集团策划的全域旅游品牌。说到发展乡村旅游，我们想了很多，也到各地看了很多，越看感觉压力越大，因为按照营收成本算账，很多旅游项目是不挣钱的。迳下虽说风光优美，但毕竟没什么知名景点，必须精心策划，精打细算，务求挣钱。

发展文旅事业必须有主导和统筹，必须具备专业能力，才可能在激烈的市场化竞争中胜出。村委的能力不足以主导旅游，政府也没有专业旅游策划能力。于是我们多方打听，邀请来专业有实力的大型文旅企业，"有风的迳下"就是他们策划出来的口号。

我们的要求很简单，就是要统筹谋划，将整个村子打造成为高级别的景区。按照规划，对迳下村及周边 9800 亩的区域进行封闭运营管理，范围包括平岗河以北的农田、观鲤港、迳下村、九龙湖几大片区。园区以"封闭式运营，售卖门票，门票可抵扣消费"的模式进行运营。

封闭式管理收门票是为政府和村民在该项目分享收益设计的一

条专用通道。文旅公司将门票收益部分上交政府，政府将门票收益部分转移给村民，从而形成"企业＋政府＋村民"三方利益共享机制，打造全国乡村全面振兴的迳下样板。

三个公益项目赋能村民发展

东方文旅旗下乡村公益基金为迳下配套了三个计划，体现出迳下以人为本的发展理念。

1、村民创业计划：引导村民参加"村宅变民宿"创业致富项目，由东方文旅下属公益基金出资，承担村宅改造工程的建筑设计、室内设计、软装设计的工作，确保改造后的村民自家民宿匹配城市客群的高品质需求。

2、乡村儿童计划：该项目将射箭、划艇、急救、游泳、潜水、烘焙、美学、手工、反侵害、野外生存等几十种高端素质教育项目带入乡村，通过多年持续性 开办冬夏令营和周末营等营会活动的形式，让度假村所在地农村的孩子们以免费入营学习的形式广泛参与，提升孩子们的综合素质，在乡村地区形成对公办义务教育的补充，让农村的孩子们享有跟一线城市孩子同等水平的素质教育产品供应。

3、长者关怀计划：该项目覆盖的对象为项目所在地户籍村庄 65 岁以上的老人长者，通过定期举办"长者宴""百岁宴""孩儿归家看父母""三代同堂游东方"等活动，尽力提高度假村所在地村庄户籍的老人长者的生活质量和幸福指数，通过这一公益项目，呼吁社会关注中国农村存在的空巢老人问题，让农村的老人长者，享有幸福的晚年。

我们给迳下文旅定了三步走战略。第一步，要在"吃"上做文章。要想旺，搞餐饮，这是广州人的文化传统和消费特征决定的。市民喜欢吃，商家有流水，有利润。大排档、农家菜、宵夜、烧烤、酒吧，我们在迳下和周边鼓励餐饮经营，把人气聚集起来。

第二步，活动搞起来。我们支持文旅公司把"湾区好声音——365 夜永不落幕的演唱会"这个节目办起来，通过晚上举办演唱会，把周边乃至市区的居民吸引来，将这个节目打造成知识城、黄埔区甚至是广州市文旅产业的一张网红名片。

第三步，把各具特色的旅游和营收项目搞起来。想方设法挖掘项目潜力，在田间地头植入经营性业态，如稻田咖啡、稻田酒吧、稻田旅拍、自行车租赁，游船观光，亲子课程，钓具租赁，旅拍服

一盘棋规划文旅项目

装租赁等各类项目。前两步聚人气，拉力强，第三步有文化提档次。我们是有计划有步骤地打造迳下乡村文旅品牌的。

迳下还在火热的拆旧建新中，但我们已经开始着手文旅品牌的打造。拍摄《有风的迳下》微短剧，打造"有风的迳下、中国的迳下"品牌；从3A级景区提升至4A级景区，冲刺5A级景区；推动迳下片区成为"乡村酒店"和"乡村酒店集群"的先行示范点，使特色乡村"活"起来、"火"起来……

附：迳下的民宿怎么才能挣钱

乡村民宿是乡村旅游的新业态，是促进农民就业增收、推进乡村全面振兴和城乡协调发展的重要抓手。径山村经过多年的发展，民宿发展有了成熟的模式，发展进入平稳期，也遇到不小的瓶颈。

放眼广东的民宿产业，发展态势良好，但"突围"的典型案例仍然不足。从这个角度来说，迳下村大有可为，我们就是要以"民宿+"撬动乡村振兴"大产业"。

民宿的高质量发展需要具备以下几个主要条件：第一是政策供给，土地政策、产业发展规划等要跟上；第二是基础设施配套，如果民宿周边环境杂乱、交通不便，会制约其发展；第三是市场拓展问题，要汇聚包括人流在内的"流量"；第四是避免同质化，要实现特色化发展；第五是完善经营机制，为可持续发展奠定基础。

不同于一般的旧改项目，迳下村民宿的运营发展，不是村民各自为政，而是邀请文旅公司做好布局，按照"统一标准、统一运维"的思路，建立起真正的竞争力。我们以品牌相互吸引为前提有意识地寻找具有实力的操

民宿和稻田融为一体

盘手，打造民宿、文旅品牌。对于合作方，我们的要求是对方必须是真金白银投入而不只是品牌输出，只有真金白银砸进来才能诚心诚意地做事谋发展。

第三节　把新质生产力搬到乡下

我女儿读的是医学博士，她去美国参加学术会议，回来对我说，硅谷就是个大农村。我以前跟团去外国考察也有同感。发达国家的大学和科研机构大都在郊外乡间，寂静少人，环境优美，学者们可以静下心来做学问。科创企业也喜欢把公司建在郊外，一来可以潜心研究打磨产品，二来可以和高校紧密合作。

迳下的环境可比美国大农村好多了。开车到知识城核心区 10 分钟，到广州市区 45 分钟。穗莞深城际铁路即将开通，20 分钟到白云机场，一个半小时到深圳皇岗口岸。十分钟生活圈里有两家三甲医院，三家重点中学（广州实验中学、华南师范大学附属中学知识城校区、新加坡新侨学校），还有西安电子科技大学广州研究院、广州大学黄埔研究生院等学术机构。

发展产业，迳下拥有了得天独厚的条件。2020 年我们就开始推动"院士下乡、产业进村"，积极融入中新广州知识城发展大局，以特色产业发展增强内生发展动力。经过前期土地集中整备，我们统一规划整备，释放出产业用地 2.15 万平方米、商业用地 2.13 万平方米，为产业发展腾挪出连片空间。

以迳下为支点，依托广州开发区、黄埔区在科技创新上的深厚积累，我们集中打造 20 平方公里的黄埔创新谷，导入颠覆性技术创新中心、黄埔创新学院、田园科创总部等科技成果转化园区、研学机构。规划建设黄埔区乡村振兴科技企业孵化器，配套建设院士谷、院士小镇等乡村特色公服设施。引进亿航等低空经济龙头企业，建设大湾区首个空中智能交通体验中心，开辟"迳下—九龙湖广场"等低空运行航线，推动低空旅游观光等新业态、新模式发展。

通过抢抓区位产业科技机遇，以增收促进城乡融合，以产业反哺乡村，激活乡村"造血"能力。新兴产业"入村"，释放的能量，是一种爆发性的、一种真正的原始科技创新力。以后的迳下村，绝不是传统意义上一个村庄的概念，而是有着产业引擎的新功能、新定位片区。

"取法乎上，仅得乎中。"我们不怕外人笑话，就是要对标硅谷，对标世界第一。这样即使我们不能达到硅谷那样的成就，也可以在一些特色领域成为一流。对迳下来说，我们就是希望通过前瞻性的谋篇布局、持之以恒的努力，能成为黄埔区、广州市乃至全国性的新质生产力核心集聚地。

附：迳下部分产业项目介绍

1、纳米小镇

2019 年，中新广州知识城管理委员会、国家纳米科学中心、科学城（广州）投资集团有限公司三方签署《共建粤港澳大湾区纳米创新产业集聚区合作备忘录》。同年 12 月，黄埔区出台了国内首个纳米产业专项政策"纳米

10条"，这也是当时国内支持力度最大、政策体系最全的纳米产业专项政策，其中单个纳米企业最高能获得超过1.7亿元的政策扶持。

截至2023年年底，作为大湾区纳米产业创新发展的核心区，黄埔区已建成46万平方米的粤港澳大湾区国家纳米科技创新基地，并聚集了小鹏汽车、粤芯半导体、天赐材料等硬科技巨头和中国纳米谷、中新国际智慧产业园等重点产业项目，为大湾区乃至中国的纳米产业发展提供了坚实基础。

乘着这一股发展纳米的东风，迳下村与科学城集团合作，投入一亿资金用于改造迳下村，建设纳米小镇，使其成为融生产、生态、生活为一体的村庄，成为孵化高科技农业、智慧农业的重要基地；通过培育新品种的稻谷，提升稻谷的产量，提高其品质。

纳米和水乡单独拿出来都很好理解，但怎么将两者放在一起的？原来，"纳米水乡"的名字还有个特别的来源，有个故事。中国科学院院士、国家纳米科学中心主任赵宇亮近年来在黄埔区打造全球纳米科技产业高地。为此，黄埔区专门聘请赵宇亮院士为迳下村纳米小镇的"镇长"，不仅进行纳米技术网络教学，还导入了许多纳米技术产业项目，让这里的集体经济有了大发展，推动村民收入能有大提升。

2021年3月，黄埔区龙湖街迳下村的水稻田里，在中国工程院院士、华南农业大学教授罗锡文的指挥下，多辆无人驾驶拖拉机田耙飞转，不一会儿就完成了土地耕整。随后，无人驾驶变量施肥机在空中不断穿梭，顷刻间便完成了农药喷洒工作。这是广州市在迳下村举行2021年春季农业科技下乡咨询活动暨黄埔区春耕备耕现场会的一个生动场景。

与传统的耕作方式不同，无人机变量施肥，结合北斗卫星导航系统定位，可以对农作物"察言观色"，快速获知农作物生长的营养丰缺情况，根据作物的长势不同控制施肥量。这种方式可以大幅度减少劳动力投入，且肥料撒施均匀、用量更精准。

这是迳下村以纳米小镇为重点，努力实现农业高质高效、乡村宜居宜业、农民富裕富足乡村全面振兴目标的缩影。

到 2024 年 4 月，中国纳米谷已吸引了生物医药（百吉生物）、新材料（伊帕斯、广纳芯）、智能驾驶（佑驾科技）、高校科技成果转化项目（华南理工大学、华南师范大学、北京大学等院校孵化项目）等众多高校院所及高新技术企业总部进驻。根据规划，中国纳米谷项目将持续发挥产业优势与专业服务优势，作为培育新质生产力的关键一环，一端连着高校的技术源头，另一端连着企业孵化，通过"政府部门＋大企＋大院＋大所"模式，深度融合"人才链—产业链—创新链—资金链"，为区域高质量发展不断注入新质动能和发展新机遇。

2、广州颠覆性技术创新园

2023 年 2 月，广州颠覆性技术创新园动工。该园区选址迳下村，占地约 12 万平方米，规划建设面积约 40 万平方米，计划总投资 30 亿元，预计达到年产值 17.8 亿元，融研发、试制、培训、交流、展示等功能为一体，对完善创新创业生态，为科研和中小企业提供系统性支撑，打造颠覆性技术创新的策源地具有重要意义。

广州颠覆性技术创新中心主任、京津冀国家技术创新中心主任介绍，中心将通过合作组建黄埔创新学院、颠覆性技术创新基金、建设颠覆性技术创新园等，构建"大学院所＋创新基金＋创新园区"的颠覆性技术创新体系，打造国家颠覆性技术创新核心平台。

广州颠覆性技术创新中心发挥'中枢'作用，统筹管理；黄埔创新学院发挥"引擎"作用，联合国内外一流大学、新型研发机构，打造"学院＋"的国际化技术创新、人才培养系统；广州颠覆性技术创新基金发挥"赋能"作用，联合优质风投基金、龙头企业，打造"颠覆性技术创新基金＋"的市场化投资系统；广州颠覆性技术创新园则发挥"聚变"作用，联合其他专业园区，打造"颠覆性技术创新园＋"的分布式园区系统，完善创新创业生态。

随着广州颠覆性技术创新园项目与黄埔创新学院、颠覆性基金形成广州颠覆性技术创新中心"三位一体"创新体系，黄埔的颠覆性技术体系日益明确：创新中心统筹管理，园区开展研发孵化，学院提供科研和教育支撑，基金投资赋能，着力打造国家颠覆性技术创新核心平台。

创新基金如何为颠覆性技术创新项目"赋能"？广州颠覆性技术创新中心与广州产投集团、知识城集团等共同组建的广州颠覆性技术创新基金，其"赋能"方式是，对中央、地方支持的颠覆性技术创新项目进行接力投资，形成有为政府与有效市场的有机结合。广州颠覆性技术创新基金规模达15亿元，首期3.5亿元"同新科创"基金已于2023年8月注册成立，11月完成基金备案。基金专注于颠覆性技术创新、原始创新科技成果投资，主要聚焦国家颠覆性技术创新的重点领域，比如，集成电路与芯片、算法与智能技术、BT-IT融合、科学仪器、先进制造、生命健康、能源与双碳等。

在这一轮科技革命和产业变革中，广州开发区、黄埔区紧盯颠覆性、前沿性技术，抓牢战略性、先导性产业，发展新质生产力，靠创新进、靠创新强、靠创新胜，以时不我待的豪情拥抱新的"科学的春天"，催生更多新模式、新动能、新产业。

中国科学院院士、中山大学校长高松认为，广州颠覆性技术创新园是"大学院所＋颠覆性技术创新基金＋颠覆性技术创新园区"创新体系中的一环，将为颠覆性技术创新项目与产业界的深度合作搭建更广阔的平台。"我们期盼在这片沃土上，涌现出一批颠覆性技术的创新项目，培育一批富有竞争力的高科技企业，吸引全国乃至全球的创新力量汇聚广州，为广州的科技创新注入新活力。"

迳下院士谷一隅

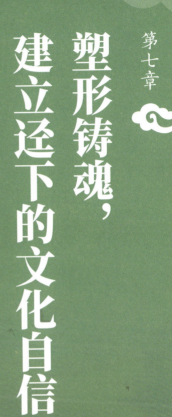

第七章

塑形铸魂，
建立迳下的文化自信

文化自信是一个国家、一个民族发展中最基本、最深沉、最持久的力量。迳下的硬件上来了，软件也不能缺。

迳下的改造工作千头万绪，但即便在最紧张忙碌的时候，我们都没有忽视文化建设。文化振兴是乡村全面振兴的题中应有之义，可以为乡村全面振兴提供更基本、更深沉和更持久的力量。

第一节　古驿道串起历史记忆

迳下村是传统客家村落，拥有丰富的历史文化和客家文化风俗特色。我们挖掘迳下祠堂建筑元素，结合村文化室、图书室、村史博物馆等文化设施的建设，把传统文化融入新型村庄建筑。对于舞貔貅、客家山歌、舞春牛等非物质文化遗产代表性项目，我们也留出专门精力进行发掘传承。

舞貔貅，又称"客家醒狮"，2007年被列为广东省非物质文化遗产。完成一套舞貔貅，往往需要约两小时，包含打四门、采青、转堂、咬柱、吐幅等诸多环节，每一个环节都有诸多细节要抓。我们在迳下村史博物馆门前修建了小广场，搭起表演舞台，作为定期展示舞貔貅等非物质文化遗产和延续传统文化的场所，丰富迳下村的游览体验和文化内涵。

迳下村有古树2棵，分别为榕树和格木，守护在竹山路两侧。老榕树的树龄有182年了，为国家三级古树保护级别，见

古榕树

证了迳下 300 年建村史的一大半，至今依然根繁叶茂，绿意盎然。我们架起绿色护栏，把这棵象征着迳下活力的树木妥善保护起来。

格木位于迳下村门口山，树龄 124 年。它身姿挺拔，材质较硬，常用于制作木工工具。古树是迳下的宝贝，我们给它们挂牌，标明树木编号、树名、学名、科名、树龄、保护级别特性、挂牌时间、养护责任人等内容。

迳下村西侧紧邻埔心村传统村落，南侧有龙湖古驿道。龙湖古驿道是南粤古驿道的组成部分，全长 36.6 公里，起于大涵古村，经长庚大盆围山、黄田古村、埔心古村、旺村，止于汤村，串联了龙湖的 3 座古村、6 处先秦遗址、11 棵名木古树，是经济交流和文化传播的重要通道，也是珍贵的历史文化遗产。

第二节　红色基因代代相传

迳下村作为革命老村，拥有丰富的红色资源。这里是抗日战争时期东江纵队第三支队、人民解放军东三支直属先遣总队的活动地之一，革命先辈在这里留下了很多英雄事迹。广州革命史上的"七·二一事件"也在这片土地上发生。

1949 年 7 月 21 日，中国人民解放军粤赣湘边纵队东江第三支队直属先遣总队的领导干部，在九佛竹山乡迳下村召开会议，研究迎接解放大军南下事宜，遭国民党第一五四师所属的广州警备总队包围。在突围战斗中，队长朱骥、政委崔楷权，党员黄超华（女），战士李新发、陆均然、邱炳坤、周朱仔 7 人壮烈牺牲。大队长陈光照为了掩护同志，拉响手榴弹跳进敌群中，与敌人同归于尽。大队长钟沛和战士胡振潮等人被捕，不久被杀害于广州流花桥。

广州解放后，当地群众为纪念先烈，在迳下村东北约 1 公里的山坡上修建了一座高 1.1 米、宽 0.6 米的纪念碑。纪念碑为混凝土结构，碑身为正方"开"字形，正面中镶花岗岩碑石。上款书"中国人民解放军粤赣湘边纵队东江第三支队直属先遣总队"，下款书"广州市郊九佛虎窿、竹山窿、高禾场村群众敬立"。左右两面有《革命斗争简史》全文约 300 字，北面有碑刻，说明先遣总队队长朱骥、政委崔佳权等同志 1949 年 7 月 21 日在突围战斗中壮烈牺牲的经过。

　　纪念碑经过多次修缮，是到迳下旅游参观的人们必去的景点之一。抚今追昔，沧桑巨变，我们怎能不缅怀那些为民族解放和振兴英勇牺牲的烈士。

第三节 中医太极弘扬国粹

除了看看景，吃吃饭之外，迳下还有什么更好的东西"粘"住游客？我们在康养领域寻找，最后落子在中医和太极拳上。

知识城的三甲医院有两家，但都是西医院，本地居民对中医本来就有需求缺口。中医主张"治未病"，强调环境、作息、饮食等对健康的积极作用，这些都和迳下的生态环境不谋而合。听着鸟鸣声起床，呼吸着新鲜空气，吃着有机蔬食，慢下来的生活节奏，对人的康复疗养大有裨益。

还缺一个因素，那就是名医。按照筑巢引凤的思路，我们把迳下卫生站提格打造成国医馆，在迳下别墅中预留出给名中医的指标，让他们来了就能安居乐业。我发动身边的朋友同学广泛引荐，把真正的名医大家请来迳下开堂问诊。

太极拳既能强身健体，有益身心，又能弘扬传统文化。在中国辽阔的城市和乡间，太极拳具有深厚的群众基础。正是看中了这一点，我决心在迳下打造和弘扬太极拳文化。

去迳下干什么？2024 年 9 月 22 日，在广州市黄埔区龙湖街迳下水系的湖光山色里，在环湖畔碧道之中，来自龙湖街各村（社区）、学校的 26 支队伍以及广州市武术协会、友好单位共 3762 人齐聚一堂，共同展示太极扇，成功挑战大世界基尼斯

"参与人数最多的太极扇展演活动纪录"。当天参与展演的人员最小的 5 岁，最年长的 78 岁。儿童稚嫩可爱，少年青春蓬勃，长者精神矍铄，他们都身着太极服，队伍蜿蜒望不到尽头，场面蔚为壮观。

太极文化是个抓手。通过它，我们的目标是将迳下及周边连片打造成以中医和太极文化为主题的特色区。这样一来，文化旅游、休闲娱乐、健康产业都可以做文章，老百姓能听懂、喜欢、愿意来玩。这也能和年轻人的"周末一日游"形成互补，老人们周一到周五来打太极，做康养，把文旅设施用起来。

我们精心组织太极推广活动，建设太极主题文化长廊、太极展馆和太极公共艺术空间等，把它融入迳下的旖旎风光和生活态度。龙湖街在 2024 年培养了一支 200 余人的太极拳"八法五步"辅导员队伍，以带动更多居民加入太极拳运动，让太极拳这一中华传统成为全民健身新趋势，把全民健身赛事活动办在群众身边、将科学健身指导送到群众身边，不断推动全民健身事业取得新成绩、实现新突破。

第四节　村规民约培育新风

"新建房，经审批；乱砍伐，不可有；倒垃圾，不随地……"

迳下《村规民约》，既有传统乡约底蕴的传承，更包含现代治理的创新

宣传栏里的迳下村规民约生动活泼，这些口诀将乡风文明、移风易俗等内容融入其中，读起来朗朗上口，成为培育文明新风、推动乡村治理的新载体。

新版村规民约其实是倒逼出来的。这几年随着迳下名气越来越大，节假日总有大量游客慕名而来。游客纷至沓来，迳下村的集市摊位、农庄、农家乐等如雨后春笋般迅速发展起来，但乱摆乱放、垃圾乱堆、店铺风格杂乱、收费随心所欲等管理难题也随之而来。

为了解决这个村民普遍关心的痛点难点问题，迳下村的村干部开展了 4 个月的走访调研。2021 年 7 月，迳下村结合调研情况，对《村规民约》进行修订，增加了人居环境、自主经营行为、建筑施工等方面的规范要点，有效规范村民旅游经营行为，促进村庄秩序的安全稳定。

随后，迳下村拟定了《农庄商铺管理服务协议》，由村集体公司向村农庄商铺提供垃圾分类的指导及培训，协助农庄商铺准确分类，并定时定点为农庄收集处理生活垃圾，同时制定了管理服务费收费标准。该协议经过"四议两公开"程序，村委、党员、村民代表均通过表决。

2023 年，迳下的村规民约被评为广东省"约来粤好"主题优秀村规民约。它体现了中国人"乡田同井，出入相友，守望相助，疾病相扶持"的传统，落实"四议两公开"和农村协商议事制度，构建出"五治融合"乡村善治体系，让文明乡风吹进村民心田。

第八章

未来乡村建设心得

未来，是动态的时间概念，也意味着未来乡村建设将会是一定时间内持续性的事业，要在前进的路上不断守正创新。

作为推进乡村全面振兴的重要抓手，"百千万工程"的重要发力点，在广东如何探索未来乡村建设，仍需不断谋求新突破。

对迳下村来说，经过一段时间的努力，我们对此有了一些心得，也希望能对全省乃至全国的未来乡村发展提供可资借鉴的经验。

第一节　以人为本，把农民的急难愁盼作为出发点和落脚点

民生是人民幸福之基、社会和谐之本。迳下村的未来乡村探索，把增进人民福祉、促进人的全面发展作为出发点和落脚点，始终从村民角度进行换位思考，尊重村民的意愿，维护村民的利益。

坚持民有所呼、我有所应。无论是村庄战略规划，基础设施建设还是人居环境整治，我们都从村民需要出发，充分征求村民的意见，甚至就政策进行多轮讲解，入户回答疑问，坚持"村民的事情与村民商量着办"，真正让广大农民有更多获得感、幸福感、安全感。实践证明，只要心里真正装着农民，想农民之所想，急农民之所急，就会得到村民的理解和支持。

在具体的实施过程中，也不提超越发展阶段的过高目标，而

是根据实际情况确定整治重点，制订针对性解决方案。我们的想法是从花钱少、见效快的农村垃圾集中处理、村庄环境清洁卫生入手，到村道硬化、水系连通、三线改造，再到产业培育、公共服务完善，坚持先易后难、层层推进。

连片规划"一张图"

第二节　规划引领，唤醒沉睡资源留住美丽乡愁

　　没有高水平的乡村全面振兴总体规划，未来乡村建设很可能是空中楼阁。迳下村坚持先抓规划、再搞建设。制订规划时，强调因地制宜、突出个性，根据村里的生态、文化、产业禀赋，结合村庄

发展水平、财政承受能力、农民接受程度，尽力而为、量力而行。

从目前来看，迳下村的战略规划遵循自身的发展规律、体现自身特点、注意保留乡村风貌，同时追求打造村庄主题特色，做到既融入整体大环境，又体现特色"小气候"。在此前的具体实践中，有的村庄的规划发展是独立进行的，缺乏形态设计、功能布局和产业导入能力。

在迳下新农房建设中，我们在规划初期就提级管理，将村庄规划与区域发展结合起来，将迳下村充分融入黄埔创新谷规划建设中，发挥迳下片区生态环境好、发展载体大的优势，推动"乡村振兴＋产业""乡村振兴＋科技"的有机结合，为乡村振兴探索出一条新的路径。

未来，还需要强化规划的刚性约束，在实现规划一张图、建设一盘棋、规划项目化后，要把确定下来的规划不折不扣地实施。

第三节　业态融合，培育产业发展丰沛动能

乡村全面振兴，产业支撑是关键。发展乡村产业，要在立足特色资源的基础上，关注市场需求。迳下村在产业发展上力求守正创新，推动产业业态多样化，突出农业、科技、文旅的结合，打造多元新业态综合体，实现了三产的有机融合，有效增强集体经济"造血"功能。比如，发展都市现代农业、休闲农业，打造农业观光体验基地、传统手工艺品加工基地，打造集高端休闲旅游、科技创新、艺术文化创意于一身的综合社区。

迳下村还将突出优秀的红色元素相结合，"红色＋乡村""红色＋文创""红色＋民俗"等，打造红色旅游复合型产品。面向未

来，还要紧紧抓住位于中新广州知识城的优势，将产业规划融入知识城发展战略，重点布局科技创新、颠覆性创新技术等具有未来发展潜力的领域。

第四节　凝聚多元力量，提高主体参与的内生动力

不管是乡村全面振兴，还是"百千万工程"建设，都不能政府唱独角戏，而是需要贯彻政府主导、农民主体、社会参与的原则。

具体而言，政府要在规划编制、资源整合、项目监管、基础设施建设、人居环境整治等方面做好基础性工作。更重要的是厘清政府干和农民干的边界，该由农民自主干的不越位、不大包大揽，广泛动员农民群众参与村内公共事务，激发群众的主人翁意识，调动农民积极性，实现从"要我建设未来乡村"到"我要建设未来乡村"的转变。

同时，还应重视引入社会资本等各方力量参与乡村建设，精心设计"需求清单"和"服务清单"，实行市场化运作，发挥市场在资源配置中的决定性作用。

在农村新房建设时，要以全生命周期成本理念提升各方积极性。正如前面所说，采用装配式技术建设农房，引导村民算好"小家"账，鼓励企业算好"经济账"，要求政府算好自身"公家账"。

第五节　敢于接纳新事物，孕育发展新机遇

迳下改造项目开展以来，多个建筑龙头企业开始关注黄埔区新型建筑工业化工作，踊跃报名参与"拆旧建新"项目的建设、经营、运维各个环节。

我们加快制定出台新型建筑工业化专项扶持政策，积极创建新型建筑工业化国创中心，推进建设中建科技游牧工厂、广州建筑湾区智造产业基地等项目，引进落户中建科技区域总部等一批代表性企业，形成 1 个示范标杆、1 个研发机构、1 个智能建造基地、N 个代表性企业的"1+1+1+N"新型建筑工业化产业发展模式。

过去征地拆迁安置，安置房建设往往需要几年，村民长期得不到安置，支持度不高，临迁费用成本也很大。通过新型建筑工业化，建造模块化建筑，建设周期短、房屋质量高、成本可控，村民的支持热情和改造信心都明显提升。

此后，黄埔区大坦、黄麻、莲塘等多个村集体都自发倡议，希望能参照"迳下模式"建设新村。其中，大坦村靠近航空轮胎大科学装置，黄麻村就在广州科学城边上，莲塘村也在知识城重点地段，都有条件参照迳下村，把科技创新、产业发展与乡村振兴结合起来，打造一批乡村振兴样板，实现黄埔乡村整体升级。

第六节　良政善治，以"拆旧建新"为契机优化基层治理

乡村"熟人社会"的治理结构和约束机制逐步发生变化，"散"的特征比较明显，客观上造成乡村治理难度加大。迳下村以"拆旧建新"模式优化基层治理。按照"一户一宅"政策，对原有建设用地进行消化。"房多人少"的按人数落实"一户一宅"，"房少人多"的按房产面积确定建设面积。原有房屋建筑基底不足的，要向村委增购其他村民多出来还给村委的指标，增购原则上不能超过60平方米。

全流程由村委统一进行管理，不能私自流通，进一步厘清了村庄规划，解决了宅基地长期未确权、村民自主建设等问题，直接消化处理了村内农用设施房、危旧房、偏杂房等四类房屋，有效提升违法建设治理效能。

第七节　塑形铸魂，推动乡村文化力量生长

乡村文化建设，必须坚持农民的主体地位，激发乡村文化的内生动力。迳下村开展多种形式的文化、体育活动，满足农民群众日益增长的精神文化生活需求，努力把村庄建设成农民身有所栖、心有所依的美好家园。以完善村规民约，持续推动移风易俗。在文化场所建设、文化活动开展中融入乡土特色、体现农民需求，变硬性

推广为潜移默化，让乡土文化扎根迳下，并不断得到传承发展。

附：迳下村自主拆旧建新实施方案部分要点

拆旧建新非公寓式住宅以"建筑基底占地面积村内平衡"为主要原则：以街道汇总的拆旧建新房屋摸底数据中的每户为基础，加总每户内所有房屋的建筑基底占地面积，得到"每户现有建筑基底面积总和"，根据分户规则（本方案第十条）：每户的分户（指符合本方案第十条规定的一户，下同）人数在3人及以下，建筑基底占地面积不超过100平方米；4～5人，不超过120平方米；6人及以上，不超过150平方米。加总每户内所有分户的"分户拟建建筑基底占地面积"，得到"分户后每户拟建建筑基底占地总面积"。

计算"每户现有建筑基底面积总和"与"分户后每户拟建建筑基底占地总面积"的差值，当前者大于后者，多出部分可出售给村委会，由村委会统筹分配整村多出的基底占地面积指标；当前者小于后者，需向村委会申请购买不足的基底占地面积指标。力求在整村统筹的情况下，能达到"每户内现有建筑基底面积总和"与"分户后每户拟建建筑基底占地总面积" 接近平衡。

街道应当公布经统计的"每户现有建筑基底面积总和"、"分户后每户拟建建筑基底占地总面积"、两者差值等相关数据，以便村民了解计算规则及自身实际情况。

二、建设标准

（一）房屋建筑层数不得超过 3 层，总建筑高度不得超过 13 米。地下空间限一层，地下空间利用不得超过建房批准范围，不得破坏地下管线功能，不得对相邻的合法建（构）筑物、附着物造成损害，地下空间不计入建筑总面积。建筑高度均以室外地坪标高起计。法律法规和规范性文件另有要求的除外。

（二）建筑必须采用坡屋顶，外立面必须严格遵照图纸进行建设。

（三）受委托的建设单位必须按图施工，对施工全过程作业安全与质量负责。

（四）在符合村庄、道路、土地等规划的前提下，围院、庭院的面积不得超过住宅建筑基底面积的100%。围院、庭院内实行"花园管理"，要做到内外整洁有序、无乱堆乱放、无不雅构筑物。

（五）必须建造以景观化绿篱、矮墙、花基等构成的围墙，不得建造功能性实体围墙，不得使用原色不锈钢、铝合金等建材，围墙总高度不得超过 0.6 米。

（六）住宅建设应同时配建污水处理等设施，能集中纳管处理的，应采用集中纳管处理；不能集中纳管处理的，应配套建设化粪池及污水处理池进行处理，并做到达标后排放。

三、分配原则

农村村民住宅用地分配使用的原则如下：

（一）公平公开原则。同等分户拟建建筑基底占地面积的情况下，以招投标或摇珠等方式确定村民住宅建设位置。

（二）建新退旧原则。村民申请拆旧建新并异地重建的，必须退还原有农村村民住宅用地。申请人应当与村委会签订协议，保证按期交回原有农村村民住宅用地。新建住宅办理不动产登记之前，原土地、房屋权属凭证或原址证明材料等应收回注销。

（三）统一标准原则。村委会在统筹分配整村基底占地面积指标时，必须建立完善收费管理制度，根据村内情况合理确定收费标准，必须统一出售指标和回收指标的价格标准，不得频繁、随意、大幅度调价。

（四）签订协议原则。村民应当与村委会签订《龙湖街迳下村村民自主拆旧建新协议》。

四、规划许可

（一）"一户一宅"原则

1. 符合"一户一宅"政策的本村村民，具备本村农村集体经济组织成员资格的，可以户为单位提出住宅建设申请。

2. "一户"的标准为：

（1）夫妻与未达到法定婚龄子女同住的为一户；

（2）有兄弟姐妹的，其中一人应与其父母为一户，其余兄弟姐妹达到法定婚龄或结婚后可申请分户；

（3）是独生子女的，结婚后可以继续与父母为一户，也可单独立户；

（4）离异后无房一方再婚超过两年且配偶无房的可

为一户。

在审核村民申请建房条件时，依据上述标准认定，不强制以户籍登记规定的"一户"的标准来确定农村建房的分户标准。

3. "一宅"的标准为：一户村民只能申请一块宅基地建设住房。

是否属于"一宅"的情况，综合以下两种方式进行认定：

（1）不动产登记部门出具的申请人及本户内所有家庭成员《个人名下房地产登记情况查询证明》；

（2）村民填写《个人名下迳下村房屋登记情况申报表》自行举证并向村委会申报，村委会组织公示后进行确认并报城管办审核。

（二）申请材料

村民应当持下列材料向村委会提出建房申请：

1. 村民住宅建设申请表（原件）；

2. "一户一宅"承诺书（原件）；

3. 申请人户口簿、申请人及各家庭成员身份证（复印件，需核对原件）；

4．申请人及本户内所有家庭成员《个人名下房地产登记情况查询证明》或《个人名下迳下村房屋登记情况申报表》；

5．龙湖街迳下村旧房移交数据确认表（一或二，原件）。

（三）村委审查

村委会在收到村民提交的建房申请材料后，组织人员审查以下主要内容：

1．申请材料是否属实（村委会负责对申请人所提交的复印件真实性进行核实，并在经核实的复印件上加盖公章，签署核实人姓名）；

2．是否符合"一户一宅"等建房条件；

3．拟建房用地是否存在争议，村民对拟建房屋是否有异议。

村委会对上述条件进行审查并研究同意建房后，由主要负责人在《村民住宅建设申请表》上签名并加盖村委会公章。同时，申请人应当与村委会签订《龙湖街迳下村村民自主拆旧建新协议》。

（四）现场公示

审查通过后，村委会应当将申请及审查情况在人流密集的村域显要位置（如村社宣传栏、村口、祠堂外墙等）及拟建房用地现场进行公示，接受群众监督和举报，公示期不少于7个自然日。公示内容包括：

1. 村民住宅建设申请表（复印件）；

2. 申请人基本情况，包括户主姓名、出生年月，家庭成员姓名、出生年月等；

3. 申请人符合"一户一宅"的承诺书（复印件）；

4. 龙湖街迳下村旧房移交数据确认表（一或二，复印件）；

5. 能够反映拟建房用地位置、面积与四至间距的地形图。

公示期满且村民无异议或异议不成立的，村委会出具公示情况报告（附现场公示照片）。申请人或申请人委托村委会将上述所有材料报送城管办审核。

（五）资料受理

城管办对申请人或村委会提交的材料进行审核，并进行纸质媒介和电子系统登记。申请资料包括：

1. 村委会已加具意见的村民住宅建设申请表（原件）；

2. 申请人户口簿、申请人及各家庭成员身份证（复印件）；

3. 申请人出具的且经村委会核实的"一户一宅"承诺书（原件）；

4. 村委会、经济合作社、经济联合社盖章及房屋权属人签名的龙湖街迳下村旧房移交数据确认表（一或二，原件）；

5. 能够反映拟建房位置、面积与四至间距的地形图（原件）；

6. 村委会盖章及负责人签名的公示情况报告（原件）；

7. 龙湖街迳下村村民自主拆旧建新协议；

8. 个人名下房地产登记情况查询证明或个人名下迳下村房屋登记情况申报表。

经审核，申请资料存在可当场更正错误的，应指导申请人当场更正；资料不齐或不符合要求的，窗口或经办部门应当场或 5 个工作日内一次性书面告知申请人需补正材料内容，逾期不告知的，自收到材料之日起即为受理。

（六）批准核发

受理申请后，城管办应会同村委会代表实地核查，核查内容应包括拟建房用地面积、地类、四至情况，并审核村民申请的真实性。

经现场实勘，资料齐备、真实且符合相关要求的，城管办委托具备资质的测绘单位进行现场放线、验线。

街道自现场实勘通过之日起 15 个工作日内做出是否批准核发《乡村建设规划许可证》的许可决定。

（七）许可内容及有效期限

《乡村建设规划许可证》应载明建设项目位置、建设范围、建设规模和主要功能等内容。

申请人应当自取得《乡村建设规划许可证》之日起一个月内开工。有效期限内无法如期开工、逾期未开工的，其《乡村建设规划许可证》及其附图、附件自行失效，需重新申请。

（八）不予许可

申请不符合规定条件的，街道应当于 15 个工作日内做出不予许可决定书，并说明理由。

五、批后管理

（一）"六到场"监管要求

街道组织人员落实选址到场、放样到场、砌基到场、结项前到场、竣工验收到场、外立面验收到场的"六到场"管理制度并建立相应台账。村民应当提前 5 个工作日通知我街道到场检查。

（二）开工施工

为确保房屋建设的施工安全及质量，由村委会与具有资质的建设单位签订战略合作协议，统筹全部建房事宜。村委会应当履行监管责任，包括督促村委会、村民与建设单位签署三方施工合同，监督房屋建设全过程等。

申请人在取得《乡村建设规划许可证》后，应向城管办提出开工申请，并按照广州市人民政府关于小型工程建设的相关要求申办开工备案手续，取得开工备案手续后通知建设单位立即开工建设。村民建房必须围蔽施工，并尽围蔽施工相关告知义务。

工程开工前至规划核实完成期间，申请人应当在工程现场显要位置张贴公告《乡村建设规划许可证》及其所有附图、附件的复印件，接受社会监督。

村民建房经批准后，由村委会将该村民的建房审批情况在建房点公示，实行挂牌告示施工。

（三）巡查监管

我街道、村委会应加强本辖区村民建房活动的巡查监管，并组织人员定期或不定期实施巡查，做好巡查记录，坚决制止并依法处理违法建设行为。

（四）规划核实

村民个人非公寓式住宅建设完工后，村民应持以下资料向城管办申请规划核实：

1. 规划核实申请表（原件）；

2. 具有丁级及以上测绘资质的测绘机构出具的验收测量记录册，验收测量记录册应符合房地产测绘相关标准（原件，一式两份）；

3. 已建成住宅的各立面现场照片（原件）。

城管办应进行现场勘查，规划核实的主要内容包括：所建住宅是否按审批的用地位置、用地面积、四至情况、建筑面积、层数、外观、间距等内容进行建设。

符合乡村建设规划许可的，街道应自受理之日起15个工作日内出具《村民个人非公寓式住宅规划核实意见书》；不符合乡村建设规划许可的，出具《关于暂不同意村民个人非公寓式住宅通过规划核实的函》，并一次性提出整改要求。

七、产权登记

集体经济组织成员使用宅基地建设房屋符合规划并已竣工验收的，应当根据《广州市不动产登记规程》第七十七条的相关规定申请宅基地使用权及房屋所有权首次登记。

已经登记的宅基地使用权及房屋所有权，申请办理变更登记，应当根据《广州市不动产登记规程》第七十八条的相关规定申请。

八、附则

本方案所称农村村民，如无特殊标注，均指具有泾下村泾下社和高禾场社农业常住户口的农村集体经济组织成员。本方案所称村民建房，是指村民申请办理报建手续并实施拆旧建新村民住宅的活动。

若村民的户内其他家庭成员因读书、参军等情况将户口迁出泾下村，但仍在泾下村居住，可以被认定为该申请人的户内家庭成员。

按第十条第（一）款第 2 项"一户"的标准进行分户，若村民分户存在多种组合方式，因采用不同的组合方式会导致"分户后每户拟建建筑基底占地总面积"存在不同的面积数时，应依照以下原则确定面积数：（一）当"每户现有建筑基底面积总和"大于"分户后每户拟建建筑基底占地总面积"的最大面积数时，则以"分户后每户拟建建筑基底占地总面积"的最大面积数为准；（二）当"每户现有建筑基底面积总和"小于"分户后每户拟建建筑基底占地总面积"的最小面积数时，则以"分户后每户拟建建筑基底占地总面积"的最小面积数为准；（三）当"每户现有建筑基底面积总和"处于"分户后每户拟建建筑基底占地总面积"的最小面积数与最大面积数之间的范围内，则依据村民实际、村委审查、街道审批等情况确定面积数。

另针对原属于迳下村迳下社和高禾场社农业常住户口的农村集体经济组织成员，但因特殊原因迁出户口后至今（本方案发布之日）为止户口未迁回本村的申请人，在迳下社和高禾场社存在"房地一体"编号在册的房屋（申请人现有房屋总建筑面积在50平方米及以上且拥有房屋的完全权属），须提供相关举证材料并经村委审议同意后，由村委按程序报请街道党工委审议通过后，方可申请自主拆旧建新。

附：自主拆旧建新模式与传统做地模式对比

2011 年以来，为服务中新广州知识城开发建设，龙湖街道曾采取两种模式进行土地开发：一是政府主导的征地拆迁模式；二是企业主导的城市更新（旧村改造）模式。其中，征地拆迁由政府财政资金投入（政府做地模式），城市更新由企业主导并筹措资金投入（企业做地模式）。龙湖街道 8 个村，其中黄田村、长庚村、迳下村（斯文堂经济社、虎窿经济社）、大涵村、九佛墟项目采取政府财政资金开展征地拆迁（政府做地模式）；汤村村、埔心村、何棠下村、旺村村采取城市更新方式（企业做地模式）。

上述两种模式是相对传统、较为常见的做地模式。2023 年 10 月，龙湖街道迳下村剩余 2 个经济社——迳下社和高禾场社，申请开展自主拆旧建新工作。拆旧建新是在区委区政府指导下，由村民自主申请建设新农房，且由政府统筹安排新村规划建设。

一、不同模式投入估算

　　迳下村（迳下社和高禾场社）原有户数 119 户，原有房屋 535 栋（村民房屋 512 栋，集体物业 23 栋），总占地面积为 39297 平方米，总建筑面积为 81159 平方米。根据迳下村村庄规划修编，迳下村拆旧建新项目规划建新房屋共 282 栋（占地面积为 100 平方米的 208 栋，120 平方米的 56 栋，150 平方米的 18 栋）。以下为迳下村分别走自主拆旧建新、政府征地拆迁和城市更新路径（主要借鉴何棠下村和汤村的旧改方案）的投入估算。

　　（一）自主拆旧建新模式

　　根据工作部署，龙湖街道印发《广州市黄埔区人民政府龙湖街迳下村自主拆旧建新实施方案》（下称《实施方案》），依据现有建筑面积，并结合分户情况，提供 100 平方米、120 平方米和 150 平方米的建筑基地面积选择。村民依据流程自主申请，在签约移交原址房屋给村集体后，可获得提前交房奖励金。在新农房建设完成后，可获得自主拆旧建新奖励金。同时，政府秉持高标准打造村庄公共基础设施，改善村庄风貌和便利度。

　　政府征地拆迁模式按照 2019 年发布的《广州市黄埔

拆旧建新模式总投入			
出资主体	项目	金额（单位：万元）	占比
政府	自主拆旧建新奖励金	3652.7	15.35%
	提前交房奖励金	1577.9	6.63%
	公共设施配套	15179.54	63.79%
	工作经费	3387.5	14.23%
总计		23797.64	

区九龙片区集体所有土地征收补偿指导意见（试行）》（下称《指导意见》）进行估算。《指导意见》的补偿内容包含房屋重置成本价、附属物金额、搬家费、搬迁奖励金、货币安置金额、区位价、季度临迁费等。

政府征地拆迁模式总投入			
出资主体	项目	金额（单位：万元）	占比
政府	房屋重置成本	7616	10.66%
	附属物补偿	719.30	1.01%
	搬家费	256	0.36%
	搬迁奖励	1523.2	2.13%
	区位价	14404.8	20.16%
	临迁费	6580.32	9.21%
	弃产补偿 （30% 弃产）	16976.06	23.76%
	安置房建安成本	19192.32	26.87%
	工作经费	1370.88	1.92%
	集体物业补偿	2799.44	3.92%
总计		71438.32	

注：

（1）以512栋村民房屋（占地面积36012平方米，建筑面积76160平方米）、23栋集体物业（占地面积3285平方米，建筑面积4999平方米）计算总投入。

（2）临迁费按4年临迁费计算。

（3）弃产补偿按30%弃产房屋计算，每平方米7430元。

（三）城市更新（旧村改造）模式

根据龙湖街道何棠下村、汤村村城市更新项目模式，合作企业在迳下开展城市更新模式需要投入前期、拆迁、复建和其他等费用。

城市更新（旧村改造）模式总投入				
出资主体	项目	子项	金额（单位：万元）	占比
合作企业	前期费用	基础数据调查费	34.08	0.07%
		实施改造方案编制费	20	

续表

合作企业	拆迁费用	临迁费	9739.08	12.99%
		房屋拆运费	243.48	
		祠堂等历史建筑	300	
		其他补偿	117.7	
	复建费用	住宅	52705.37	75.93%
		公服设施	3065.56	
		市政基础设施建设	5000	
	其他费用	不可预见费	3561.41	11.01%
		拆迁奖励	2243.69	
		工作经费	3000	
总计			80035.36	

注：估算总表详见附件1。

据估算，自主拆旧建新投入资金为 23797.64 万元，若迳下村采取政府征地拆迁模式，政府需投入 71438.32 万元，约为拆旧建新模式总投入的 3 倍；若采取城市更新模式，合作企业需投入 80035.36 万元，约为拆旧建新模式总投入的 3.4 倍。

自主拆旧建新引导村民自行出资采用装配式技术建设新农房，政府投资部分则主要用于村庄基础设施提升和导入产业。一方面，拆旧建新模式在有限提高村民单位面积建房成本的情况下，大幅度提升新农房的建设安全质量和商业化经营潜力；另一方面，这也有助于降低传统做地模式下政府或合作企业"大包大揽"的投资压力，将财政投入重点放在村庄公建配套和基础设施的建设上，在赋能村庄的同时，刺激村庄形成新的经济增长点。

二、拆旧建新模式与传统做地模式优劣分析

（一）释放土地面积

在释放土地方面，自主拆旧建新模式中村民原址房屋占地面积为 39297 平方米，按照一户一宅的分户原

则可分户 282 户，可建新 282 栋，建新房屋总占地面积达 30220 平方米，在确保全村拆旧建新的宅基地用地面积不增加的前提下，节约土地 9077 平方米，直接释放 23.1% 的土地，释放的土地用于公建配套和导入相关产业发展。

政府征地拆迁模式中，村民原址房屋占地面积为 39297 平方米，需安置的建筑面积为 53312 平方米（弃产部分不计入），若以层高 30 层、容积率为 3 计算，所需占地面积为 17771 平方米，节约土地 21526 平方米，释放比为 54.80%，但其整理释放的土地主要用于储备市政公用设施建设或实施公开出让。尽管拆旧建新在释放土地方面少于政府征地拆迁，但曾经布局不合理、功能不齐全的村庄可以实现焕然一新。对村民而言，无须离开熟悉的村庄环境，便能享受更新带来的种种便利。对村庄而言，以特色产业发展增强内生"造血"功能，实现整个片区高质量发展。

城市更新（旧村改造）模式中，迳下村原房屋 535 栋，原占地面积为 39297 平方米，总建筑面积为 81159

平方米，核算总复建面积达 141240 平方米。若以复建区和融资区 1:1 的比例建设，所需占地面积达 78388 平方米，释放比为 -99.48%，相当于需要投入 2 倍的原占地面积土地才能覆盖城市更新模式所需的土地面积。

不同模式释放土地面积比较			
模式类别	原占地面积（单位：平方米）	新占地面积（单位：平方米）	释放比
自主拆旧建新	39297	30220	23.1%
政府征地拆迁	39297	17771	54.80%
城市更新	39297	78388	-99.48%

注：

（1）释放比 =（原建基面积 - 新建基面积）/ 原建基面积

（2）政府征地拆迁的新占地面积以容积率 3 计算。

（3）城市更新"新占地面积"估算：总复建面

积为 240 平方米 ＊ 535 栋 ＊（1+10%）=141240 平方米，配套公建 141240 平方米 ＊11%= 15536.4 平方米，（141240+15536.4）／容积率 4=39194 平方米，按照安置区和融资区 1：1 计算，总占地面积是 39194 平方米 *2=78388 平方米。

（二）落实"一户一宅"原则

自主拆旧建新模式严格遵照广州市关于一户一宅的分户原则进行，保证在宅基地总面积不增加的情况下，根据现有建筑基底面积总和及户内人口情况统筹整村新农房建设数量。"房多人少"的按人数落实"一户一宅"，"房少人多"的按现状房屋占地面积，结合户内人数核定新建基底面积。严格落实广州市关于"一户一宅"的标准，合理分配土地资源，避免浪费，从而确保村内每一户农村家庭都能拥有适宜的居住条件，保障每一户村民的住房权益。

政府征地拆迁模式依据人口和原址房屋面积进行安置。本村村民依据实际房屋面积进行安置，每户不超过 240 平方米；户籍不在本村的原本村村民，按实际房屋面积进行安置，每户不超过 240 平方米；户籍不在本村的非本村村民，最多安置 120 平方米。征地拆迁主要依据是否成年和实测房屋面积作为分户和补偿标准，若按该模式推进，预计可分户数约 350 户，远超拆旧建新模式可分 282 户的数量，若村民的实测房屋面积充足，则需安置和补偿的面积远多于拆旧建新模式。

城市更新（旧村改造）模式，分户原则遵循广州市关于一户一宅的认定标准，但其补偿安置主要以每栋房屋合法有效面积作为拆迁补偿依据，遵循"一补二""二补四"原则，村民需自行协调好房屋共有人、共同居住人等之间的关系。若按城市更新模式推进，原房屋多的村民补偿多，房屋少的补偿少，将出现"马太效应"难题，即"强者愈强、弱者愈弱"，无法解决村内"一户多宅""多户一宅"的问题，更凸显村内矛盾。

不同模式分户原则比较		
模式类别	分户原则	预计可分户数
自主拆旧建新	广州市关于一户一宅的认定标准	282 户
政府征地拆迁	《指导意见》关于分户的条件	约 350 户
城市更新	广州市关于一户一宅的认定标准	/

注：《指导意见》第三条："本意见所称本村村民是指符合以下两个条件之一的被征收人。条件一是征收项目规划用地范围内的村、社（以下简称"本村"）现有集体经济组织成员；条件二是本村集体经济组织成员的配偶和子女（含自然血亲子女和拟制血亲子女）。"以及第十五条："符合下列条件之一的，可以视为'一户'：（1）已婚夫妇及其未成年子女；（2）征地预公告或建设通告发布之日，年满18周岁的未婚村民；（3）征地预公告或建设通告发布之日起，已离异或丧偶未再

婚的村民及其抚养的未满 18 周岁的子女。但公告发布之日后离婚的，离婚双方只能按一户核定。"

（三）保障整村户有所居

自主拆旧建新推出农村保障性住房模式，兜底解决住房民生问题。遵循"建筑占地面积村内平衡"原则和"一宅一户"标准，提供建设标准为户均占地面积 60 平方米的小型联排住房，建房资金由村民个人承担，保障每户村民的户均住房面积，统筹整村在满足一户一宅的前提下实现户有所居。同时，参照征地拆迁模式的兜底条款，为确实存在建房资金困难的村民，提供村集体出资建造、按人均 40 平方米建筑面积标准分配的公寓式保障型住房，让迳下农村住房提质升级改造"不漏一户"，切实托起住房困难村民的"安居梦"。

根据征地拆迁的《指导意见》第三十一条，被征收村民的被征收房屋为唯一住宅的，选择实物安置部分不得低于每人 40 平方米。征地拆迁模式的兜底条款只针对拥有唯一住宅的被征收人。城市更新模式没有相应的保障条款。

（四）宅基地自愿有偿退出

自主拆旧建新也在探索宅基地自愿有偿退出机制中迈出步伐。村民可在两种方式中灵活选择：其一是完全退出宅基地使用权，以国有企业在村集体主导下，在尊重村民意愿的基础上支付宅基地使用权流转款的形式有偿收回村民宅基地使用权，并参与宅基地使用权的流转、规划、建设、招商等流程；其二是让渡一定期限的宅基地使用权，以引入有意愿、有资金、有实力的企业投入资金取得 40 年经营使用权，到期后村民收回使用权，以解决部分村民建房资金不足问题。

通过宅基地使用权的有偿流转，一方面，可以盘活宅基地资源，凸显宅基地财产权价值，切实增加村民的财产性收入；另一方面，通过流转使用权，方便国企和村集体经济组织整合闲置宅基地资源、盘活利用新农房，采取自营、出租、合作等方式发展旅游、餐饮、民宿等项目。

（五）集体经济做大做强

自主拆旧建新在设计规划新农房之初就充分考虑到

村民可以通过出租、合作等方式盘活利用的方式，预留新农房的改造空间，让村民自主选择自住使用、住宿租赁、商业经营等模式，实现农房全生命周期灵活可变。

同步，迳下村在村庄规划设计阶段，立足于产村融合的发展目标，以片区规划统筹的方式编制村庄规划，依托新农房拆旧建新腾挪出的面积，建造太极馆、体育馆、文化馆等乡村特色公共服务设施，联动颠覆性技术创新中心、田园科创公馆、低空经济产业创新中心等产业科创平台，引入东方文旅企业打造乡村酒店集群，推动农文旅深度融合，以期实现整个迳下乡村片区高质量发展。让村民足不出户就能实现家门口就业，村集体经济也在招商运营、文旅开发、景区运作、物业管理等创收方式中做大做强。

从长远角度来看，对村民和村庄而言，政府征地拆迁和城市更新模式只是"一锤子买卖"，村民"洗脚上楼"集中安置，组成新型居住社区，田间地头也被划入城市空间范围，不复乡村风貌，村集体经济能否发展壮大只能依托其在城市中的地理位置和区位优势。

不同模式集体经济收入来源比较	
自主拆旧建新	政府征地拆迁和城市更新
村民自营（民宿、餐饮等）	留用地开发、出租
国企文旅项目合作开发	集体物业用房出租
村庄物业管理	/
园区门票收入、导游讲解	/
高校研学、文旅采风合作	/
城乡融合活动策划	/